明心寶鑑

엮은이_ 추적(秋適)

고려 말 충렬왕 대의 학자로, 호는 노당(露堂)이다. 좌사간을 거쳐 민부상서와 예문관제학을 지냈다. 《고려사》106권 〈열전〉 19권에 그의 전기가 실려 있으며, 성품이 강직하고 소박했다고 전한다. 중국 명나라 범립본(范立本)의 《명심보감》에서 진수만을 간추려 초략본을 펴냈다. 이 초략본이 우리나라에 널리 유포되어 인생의 길잡이 역할을 했다.

옮긴이_ 백선혜(白善楷)

1968년 대구에서 태어났다. 고려대학교 철학과를 졸업하고, 같은 대학원에서 중국철학 석사과정을 수료하였다. 서울대학교 대학원에서 기록관리학전공 석사학위를 취득하고, 성균관대학교 한문고전번역 석박사통합과정을 수료하였다. 한림대학교 부설 태동고전연구소의 한문교육과정을 수료하였으며, 현재 한국고전번역원 번역위원으로 《일성록》 번역에 참여하고 있다.

10년 후 나를 만드는
생각의 깊이 02

명심보감

철학노트 필사본

추적(秋適) 엮음 | **백선혜** 옮김

홍익

10년 후 나를 만드는
생각의 깊이 《명심보감》

슬기바다 철학노트를 펴내며

《명심보감(明心寶鑑)》은 고려 충렬왕 때의 학자 추적(秋適)이 엮은 책으로, 예로부터 수신서의 교과서로 읽히며 만인의 인생 길잡이 역할을 해왔다. 기본적인 인간관계 안에서 자신의 삶을 책임 있게 꾸려나가기 위해 어떻게 처신해야 하는지를 친절하고 간명한 문체로 제시하고 있다.

　중국 고전에 등장하는 성현들의 금언과 명구를 편집해 놓은 이 책의 '명심(明心)'은 마음을 밝게 한다는 뜻이고, '보감(寶鑑)'은 보물과 같은 거울로서의 교본이라는 뜻이다. 원래는 아동들을 위한 교양학습서 형태로 저술된 책이지만 어른들이 읽어도 마음을 밝히는 고전으로서 손색이 없어 오랫동안 소중한 고전으로 대접받아 왔다.

　이 책은 지난 25년 동안 독자들의 사랑을 받으며 전국 서점 인문고전 분야에서 독보적인 스테디셀러를 지켜온 홍익의 〈동양고전 슬기바다 시리즈〉의 하나인 《명심보감》에서 많은 사람들에게 감동을 전해준 최고 명언들을 가려 뽑아 친절한 주석을 덧붙인 뒤에, 독자가 그 문장을 통해 자기성찰을 할 수 있게 철학노트 페이지를 따로 편집한 것이다.

　독자들은 《명심보감》에서 엄선한 가르침을 읽고 나름의 다짐을 하며 필사를 할 수도 있고, 자기성찰의 결과를 적으며 미래를 설계할 수도 있다. 진정으로 인간답게 산다는 것이 무엇인지를 맑은 마음으로 통찰할 수 있게 꾸민 이 책을 통해 누구나 지금보다 훨씬 더 발전한 내일의 나를 만들게 될 것이다.

마음을 밝혀주는 보배로운 거울,
《명심보감》

1. 책이름

누구나 한 번쯤은《명심보감》이라는 책이름을 들어보았을 것이다. 명심보감은 '밝히다'라는 뜻의 명(明)과 '마음'이라는 뜻의 심(心)과 '보배', '보물'이라는 뜻의 보(寶)와 '거울'이라는 뜻의 감(鑑) 자로 이루어져 있다. 그렇다면 명심보감이란 '마음을 밝혀주는 보배로운 거울'이라는 뜻이 된다.

2. 책 속의 사람, 책 속의 책

책이름에서 드러나듯이《명심보감》은 삶의 교훈서이다. 한 사람이 일관된 주제로 정연한 논리를 펴는 것이 아니라 여러 사람들이 한 말과 전적 속에서 교훈이 될 만한 것을 골라서 편집하는 체이다. 여기에 인용되는 인물과 저작은 매우 광범위하다. 공자·맹자 등의 유가 사상가, 장자·열자 등의 도가 사상가, 태공·사마광 등의 정치가, 당 태종·송 휘종 등의 제왕들, 도연명·소동파 등의 문인들, 주돈이·정호·정이·주희 등의 유명한 송대 성리학자들, 동악성제·재동제군 등의 다른 교훈서에서는 볼 수 없는 도교의 신선들에 이르기까

제자를 가르치는 공자

지 다양한 분야에 걸친 많은 사람들의 금언과 격언과 좌우명들이 실려 있다.

그리고 인용되는 저작물도 상당히 다양하다. 중국의 오래된 서적인《시경》(최초의 시집),《서경》(최초의 정부문서),《주역》(점술서), 선진시대 유가 사상의 선구자인 공자의 어록집《논어》, 각종 예의에 관한 학설들을 모아 놓은《예기》, 역사서로 가장 저명한《사기》와《한서》, 도가 계열의 저작《소서》, 아동 학습서인《동몽훈》과《안씨가훈》, 송대《근사록》과《성리서》라고 통칭하여 말한 성리학의 저작들, 송대 소옹이 엮은 시집인《이천격양집》, 민간의 기담을 모아 놓은《설원》,《이견지》등의 기담집에서부터 지금은 전하지 않는《경행록》,《익지서》에 이르기까지 다양한 책들이 발췌본으로 쓰이고 있다.

3. 판본과 구성

지금 우리가 보고 있는 《명심보감》은 고려시대 추적(秋適)이라는 사람이 엮은 초략본 19편에 5편의 글이 증보된 증보편이다(초략본이라고 하는 이유는 원본이 앞서 있었기 때문이다). 우리나라에서는 엮은이가 추적이라는 사실도 모른 채 초략본이 오랫동안 읽히다가 증보편이 유포되었다.

추적의 초략본은 다음과 같이 구성되어 있다.

'착하게 살라'는 뜻의 〈계선(繼善)〉이 10장으로, '하늘을 두려워하라'는 〈천명(天命)〉 7장, '천명을 따르라'는 〈순명(順命)〉 5장, '효도를 하라'는 〈효행(孝行)〉 6장, '몸을 바르게 하라'는 〈정기(正己)〉 26장, '분수를 받아들이라'는 〈안분(安分)〉 7장, '마음을 보존하라'는 〈존심(存心)〉 20장, '성품을 경계하라'는 〈계성(戒性)〉 9장(10장으로 나눌 수도 있다), '부지런히 배우라'는 〈근학(勤學)〉 8장, '자식을 가르치라'는 〈훈자(訓子)〉 10장, '마음을 살피라'는 〈성심(省心)〉 90장(상편 55장, 하편 35장), '가르침을 세우라'는 〈입교(立敎)〉 15장, '정치를 잘하라'는 〈치정(治政)〉 8장, '집안을 잘 다스리라'는 〈치가(治家)〉 8장, '의리 있게 살라'는 〈안의(安義)〉 3장, '예절을 따르라'는 〈준례(遵禮)〉 7장, '말을 조심하라'는 〈언어(言語)〉 7장, '친구를 잘 사귀라'는 〈교우(交友)〉 8장, '훌륭한 여성이 되라'는 〈부행(婦行)〉 8장으로 모두 19편(〈성심〉을 상·하편으로 나눌 경우에는 20편) 262장(〈계성〉을 10장으로 나눌 경우에는 263장)으로 구성되어 있다.

증보편은 '덧붙임'이라는 뜻의 〈증보(增補)〉 2장, '반성을 위한 여덟 곡의 노래'인 〈팔반가팔수(八反歌八首)〉 8장, '효도를 하라 속편'이라는 뜻의 〈효행속(孝行 續)〉 3장, '청렴하게 살라'는 〈염의(廉義)〉 3장, '배움을 권장한다'는 뜻의 〈권학(勸學)〉 4장으로 구성되어 있으며 모두 5편 20장이다.

4. 엮은이와 전승과정

《명심보감》은 오랫동안 사람들에게 읽혔지만 정작 엮은이가 누구인지는 알지 못했다. 지금까지 알려진 사실을 정리하면 다음과 같다. 중국 명나라 때의 학자인 범립본(范立本)이라는 사람이 1393년 처음으로 《명심보감》(상하 2권)을 엮었다. 이것을 원본으로 해서 고려 충렬왕 대 사람인 추적이 내용을 가리고 추려서 새로 《명심보감》을 만들었으며 이것이 우리나라에 유포되기 시작하였다. 이 추적의 초략본이 많은 사람들에게 읽히며 전해 내려오는 가운데 다시 5편의 글이 더 증보되었다. 지금의 통행본이 바로 이것이다.

그런데 이러한 사실이 알려지게 된 과정은 위에서 서술된 사항과 거꾸로이다. 제일 처음에는 엮은이가 누구인지 전혀 알려지지 않은 채로 초략본이 유통되고 있었다. 그러다가 대구(大邱)의 인흥재사본(仁興齋舍本)이 유포되면서 엮은이가 추적이라는 것이 알려지게 되었다. 그 뒤에 성균관대학교 이우성(李佑成) 교수에 의해 청주판(淸州版) 《신간교정대자명심보감(新刊校正大字明心寶鑑)》이 발견됨으로써 초략본의 원본이 있다는 사실과 원본의 엮은이가 범립본이라는 사실이 알려지게 되었다.

위의 사실을 바탕으로 《명심보감》을 세 층차로 나누어 볼 수 있다. 첫째, 중국 명나라 때 범립본이 엮은 원본 《명심보감》이다. 둘째, 원본을 토대로 추적의 손에서 새롭게 엮여 우리나라에 통행된 초략본 《명심보감》이다. 셋째, 추적의 초략본이 통행되다가 누군가에 의해 5편이 덧붙여진 증보편 《명심보감》이다.

범립본의 《명심보감》은 최근에 와서 밝혀진 것으로 추적의 원본으로서 먼저 있었다는 의미 외에 다른 큰 의미를 부여할 수는 없다. 오히려 우리나라에 광범위하게 통행되며 오랫동안 전해 온 추적의 초략본이 훨씬 더 중요하다.

그리고 초략본의 내용을 숙지한 누군가에 의해 내용이 더 보강되어 이루어진 증보편이 더 중요하다. 초략본은 중국의 것뿐이지만 증보편에는 우리나라의 사례가 등장하기 때문이다. 책이 삶과 동떨어져 있어서는 아무런 의미가 없다. 증보편에서 우리는 책이 삶에 영향을 주고 삶이 다시 책을 더 살찌운 훌륭한 증거를 볼 수 있다. 그런 의미에서《명심보감》은 앞으로도 얼마든지 새롭게 덧붙여져 그 생명을 더해갈 수 있는 책이라고 말할 수 있다.

明心寶鑑
제 1 장

仁
인

측은지심(惻隱智心)으로
불쌍한 것을 가엽게 여겨
정을 나누는 마음

착한 일을 보거든 목마른 사람이 물을 마시듯이 하고,

나쁜 일을 듣거든 귀머거리가 된 듯이 하라.

또 착한 일은 욕심을 부려하고 나쁜 일은 즐거워하지 말라. (태공)

－1계선(繼善) 착하게 살아라·4

太公 曰

태 공 왈

見善如渴, 聞惡如聾.

견 선 여 갈　문 악 여 롱

又 曰

우　왈

善事須貪, 惡事莫樂.

선 사 수 탐　악 사 막 락

太公(태공) : 주(周)나라 초기의 정치가로 성은 강(姜)이고 이름은 상(尙), 호는 태공망(太公望)이다.

見善(견선) : 착한 일을 보다.

如渴(여갈) : 목마를 때 물 마시듯 하다.

聞惡(문악) : 나쁜 일을 듣다.

如聾(여롱) : 귀머거리가 된 듯이 하다.

須貪(수탐) : 모름지기 탐하다.

莫樂(막락) : 즐거워하지 말라.

돈을 모아 자손에게 남겨 줘도 자손이 다 지켜내지 못한다.

책을 모아 자손에게 남겨 줘도 자손이 다 읽지 못한다.

남 몰래 착한 일을 많이 쌓아 자손을 위하여

앞날을 계획하는 일이 훨씬 더 낫다. (사마온공)

- 1계선(繼善) 착하게 살아라 · 6

司馬溫公 曰
사 마 온 공 왈

積金以遺子孫, 未必子孫能盡守,
적 금 이 유 자 손   미 필 자 손 능 진 수

積書以遺子孫, 未必子孫能盡讀,
적 서 이 유 자 손   미 필 자 손 능 진 독

不如積陰德於冥冥之中,
불 여 적 음 덕 어 명 명 지 중

以爲子孫之計也.
이 위 자 손 지 계 야

司馬溫公(사마온공) : 중국 북송 때의 정치가로 이름은 광(光)이고, 자는 군실(君實)이며 시호는 문정(文正)이다. 유저에 《온국문정사마공문집(溫國文正司馬公文集)》 80권과 《계고록(稽古錄)》, 《속수기문(涑水記聞)》이 있다.

積金(적금) : 돈을 모으다.

遺子孫(유자손) : 자손에게 남겨 주다.

未必(미필) : 반드시 ~는 아니다.

能盡守(능진수) : 다 지키지 못한다.

陰德(음덕) : 남몰래 한 착한 일.

冥冥之中(명명지중) : 보이지 않는 가운데.

나를 착하게 대하는 사람에게 나도 착하게 대하고,

나를 나쁘게 대하는 사람에게도 역시 착하게 대하라.

내가 그 사람을 나쁘게 대하지 않았다면

그 사람도 나에게 나쁘게 대하지 않는다. (장자)

-1 계선(繼善) 착하게 살아라 · 8

莊子 曰
장 자 왈

於我善者, 我亦善之,
어 아 선 자   아 역 선 지

於我惡者, 我亦善之.
어 아 악 자   아 역 선 지

我旣於人無惡, 人能於我無惡哉.
아 기 어 인 무 악   인 능 어 아 무 악 재

於我(어아) : 나에게.

我亦(아역) : 나도.

善之(선지) : 착하게 대하다.

於人(어인) : 남에게.

자기를 귀하게 여겨 다른 사람을 천대하지 말라.

자기가 크다고 해서 작은 사람을 업신여기지 말라.

자기의 용맹을 믿고 적을 가볍게 여기지 말라. (태공)

- 5 정기(正己) 몸을 바르게 하라 · 3

太公 曰
태 공 왈

勿以貴己而賤人,
물 이 귀 기 이 천 인

勿以自大而蔑小,
물 이 자 대 이 멸 소

勿以恃勇而輕敵.
물 이 시 용 이 경 적

貴己(귀기) : 자기를 귀하게 여기다.

賤人(천인) : 남을 천하게 여기다.

自大(자대) : 자기를 크게 여기다.

蔑小(멸소) : 작은 사람을 멸시하다.

恃勇(시용) : 용맹을 믿다.

輕敵(경적) : 적을 가볍게 여기다.

다른 사람에게 비방을 듣더라도 화내지 말라.

다른 사람에게 칭찬을 듣더라도 좋아하지 말라.

다른 사람의 나쁜 점을 듣더라도 맞다 맞다 하면서 맞장구치지 말라.

다른 사람의 착한 점을 듣게 되면 곧 그렇다고 인정하고 함께 기뻐하라.

이런 시가 있다. 착한 사람 보기를 즐겨하고 착한 일 듣기를 즐겨하라.

착한 말하기를 즐겨하고 착한 뜻하기를 즐겨하라.

다른 사람의 나쁜 점을 들으면 가시를 등에 진 듯이 하고

다른 사람의 착한 점을 들으면 난초를 몸에 지닌 듯이 하라. (소강절)

- 5정기(正己) 몸을 바르게 하라 ·5

康節邵先生 曰
강 절 소 선 생 왈

聞人之謗, 未嘗怒, 聞人之譽, 未嘗喜.
문 인 지 방 미 상 노 문 인 지 예 미 상 희

聞人之惡, 未嘗和, 聞人之善, 則就而和之, 又從而喜之.
문 인 지 악 미 상 화 문 인 지 선 즉 취 이 화 지 우 종 이 희 지

其詩 曰
기 시 왈

樂見善人, 樂聞善事. 樂道善言, 樂行善意.
낙 견 선 인 낙 문 선 사 낙 도 선 언 낙 행 선 의

聞人之惡, 如負芒刺, 聞人之善, 如佩蘭蕙.
문 인 지 악 여 부 망 자 문 인 지 선 여 패 난 혜

謗(방) : 비방.

未嘗(미상) : 일찍이 ~하는 일이 없다.

譽(예) : 칭찬.

和(화) : 동조하다.

就(취) : 나아가다.

귀로는 남의 그릇됨을 듣지 않고
눈으로는 남의 단점을 보지 않고
입으로는 남의 허물을 말하지 않아야
군자라고 할 수 있다.
- 5정기(正己) 몸을 바르게 하라 · 23

耳不聞人之非,
이 불 문 인 지 비

目不視人之短,
목 불 시 인 지 단

口不言人之過,
구 불 언 인 지 과

庶幾君子.
서 기 군 자

人之非(인지비) : 남의 그릇됨.
人之短(인지단) : 남의 단점.
人之過(인지과) : 남의 허물.
庶幾(서기) : 거의 ~와 가깝다.

은혜를 베풀고서 보답받기 바라지 말고,
남에게 주고 나서 왜 주었나 후회 말라.
- 7존심(存心) 마음을 보존하라 · 6

施恩勿求報,
시 은 물 구 보

與人勿追悔.
여 인 물 추 회

施恩(시은) : 은혜를 베풀다.
與人(여인) : 남에게 주다.
追悔(추회) : 후회하다.

복 있다고 모두 다 누리지 말라.

복 다하면 그 몸이 가난해지네.

세력 있다 함부로 부리지 말라.

세력이 다하면 원수를 만나게 되네.

복 있을 때 항상 아껴 두시오. 세력 있을 때 남에게 공손하시오.

사람이 살면서 교만하고 사치하면 시작은 번드르해도 끝은 형편없다오.

- 11성심(省心) 마음을 살펴라·上33

有福莫享盡. 福盡身貧窮.
유 복 막 향 진   복 진 신 빈 궁

有勢莫使盡, 勢盡冤相逢.
유 세 막 사 진   세 진 원 상 봉

福兮常自惜, 勢兮常自恭.
복 혜 상 자 석   세 혜 상 자 공

人生驕與侈, 有始多無終.
인 생 교 여 치   유 시 다 무 종

勢(세) : 세력, 권세.

惜(석) : 아끼다.

사람의 의리는 다 가난한 데서 끊어진다.

세상의 인정은 곧잘 돈 있는 집으로 쏠린다.

- 11 성심(省心) 마음을 살펴라 · 上 41

人義, 盡從貧處斷.
인 의　진 종 빈 처 단

世情, 便向有錢家.
세 정　변 향 유 전 가

從貧處斷(종빈처단) : 가난으로부터 끊어진다.

有錢家(유전가) : 돈 있는 집.

하늘은 복록 없는 사람을 낳지 않으며,
땅은 이름 없는 풀을 기르지 않는다.
- 11 성심(省心) 마음을 살펴라 · 上47

天不生無祿之人,
천 불 생 무 록 지 인

地不長無名之草.
지 부 장 무 명 지 초

無祿之人(무록지인) : 복록이 없는 사람.
無名之草(무명지초) : 이름이 없는 풀.

별똥만 한 불티 한 점이 만경의 섶을 태울 수 있다.
반마디 그릇된 말이 평생의 덕을 허물 수 있다.
몸에 한 오라기 실을 걸쳐도 베 짜는 여인의 수고를 항상 생각하라.
하루에 세끼 밥을 먹어도 농사짓는 사람의 노고를 늘 생각하라.
구차하게 욕심내고 다른 사람을 질투하여 손해를 입힌다면
끝내 십 년의 편안함이 없을 것이다.
늘 착하게 살고 어질게 살면 반드시 영예롭고 빛나는 후손이 날 것이다.
행복과 경사는 대부분 선행을 쌓은 데서 온다.
성인의 경지로 들어가 평범함을 초월하는 것은
모두가 참되고 진실한 데서 얻어진다. (고종)
- 12성심(省心) 마음을 살펴라 · 下 3

高宗皇帝 御製, 曰
고 종 황 제 어 제 왈

一星之火, 能燒萬頃之薪, 半句非言, 誤損平生之德.
일 성 지 화 능 소 만 경 지 신 반 구 비 언 오 손 평 생 지 덕

身被一縷, 常思織女之勞. 日食三飧, 每念農夫之苦.
신 피 일 루 상 사 직 녀 지 로 일 식 삼 손 매 념 농 부 지 고

苟貪妬損, 終無十載安康, 積善存仁, 必有榮華後裔.
구 탐 투 손 종 무 십 재 안 강 적 선 존 인 필 유 영 화 후 예

福緣善慶, 多因積行而生, 入聖超凡, 盡是眞實而得.
복 연 선 경 다 인 적 행 이 생 입 성 초 범 진 시 진 실 이 득

高宗(고종) : 중국 남송의 초대 황제로, 이름은 구(構)이다. 재위 기간은 1127년부터 1162년까지다. 북송 휘종의 아들이며 흠종의 아우이다.
一星之火(일성지화) : 한 점의 불티.
薪(신) : 섶, 땔감.
一縷(일루) : 한 올의 실.

남의 흉한 일을 애틋하게 여기고 남의 좋은 일을 즐거워하라.

남의 다급한 일을 도와주고 남의 위태한 일을 구하여 주라.

- 12성심(省心) 마음을 살펴라 · 下8

悶人之凶, 樂人之善.

민 인 지 흉   낙 인 지 선

濟人之急, 求人之危.

제 인 지 급   구 인 지 위

悶(민) : 불쌍히 여기다.

濟(제) : 구제하다 도와주다.

어두운 돈 거래 온 세상에 가득 차도
애꿎게 죄받는 건 복 없는 사람이다.
- 12성심(省心) 마음을 살펴라 · 下11

臟濫滿天下,
장 람 만 천 하

罪拘薄福人.
죄 구 박 복 인

臟濫(장람) : 뇌물을 받고 부정한 짓을 하다.
罪拘(죄구) : 죄로 걸려들다.
薄福人(박복인) : 복 없는 사람.

잔꾀 많은 사람은 말을 잘하고 우둔한 사람은 입을 꾹 다문다.

잔꾀 많은 사람은 바둥거리며 애를 쓰고 우둔한 사람은 유유히 편안하다.

잔꾀 많은 사람은 그악스러운데 우둔한 사람은 심성이 곱다.

잔꾀 많은 사람은 흉하고 우둔한 사람은 길하다.

아아! 온 세상이 우둔하면 형벌이 없어져서

윗사람은 편안하고 아랫사람은 온순하며

풍속이 맑아지고 폐단이 없어질 텐데. (염계선생)

- 12성심(省心) 마음을 살펴라 · 下 23

濂溪先生 曰
염 계 선 생 왈

巧者言, 拙者黙, 巧子勞, 拙者逸.
교 자 언   졸 자 묵   교 자 로   졸 자 일

巧者賊, 拙者德, 巧者凶, 拙者吉.
교 자 적   졸 자 덕   교 자 흉   졸 자 길

嗚呼, 天下拙, 刑政徹, 上安下順, 風淸弊絶.
오 호   천 하 졸   형 정 철   상 안 하 순   풍 청 폐 절

濂溪先生(염계선생) : 주렴계(周濂溪)를 가리킨다. 주렴계는 중국 북송 때의 사상가로 이름은 돈이(敦
頤)이고 자는 무숙(茂叔)이며 '염계'는 그의 호이다. 성리학의 시조로 불린다.

逸(일) : 편안하다.

刑政(형정) : 형벌과 정치.

徹(철) : 없어지다, 거두다, 폐하다.

관직에 있는 사람은 반드시 화냄을 경계하라.

일에 잘못이 있을 때는 자세히 살펴서 처리하면 반드시 적절하게 될 것이다.

만약 먼저 화부터 버럭 내면 다른 사람이 아니라

바로 자기 자신에게 해로울 뿐이다.

– 14치정(治政) 정치를 잘하라 · 4

當官者, 必以暴怒爲戒.
당 관 자　　필 이 폭 노 위 계

事有不可, 當詳處之, 必無不中.
사 유 불 가　　당 상 처 지　　필 무 부 중

若先暴怒, 只能自害, 豈能害人.
약 선 폭 노　　지 능 자 해　　기 능 해 인

暴怒(폭노) : 갑자기 화내다.

다른 사람이 나를 정중히 대해 주길 바라거든
우선 내가 다른 사람을 정중히 대해야 한다.
- 17준예(遵禮) 예절을 따르라·6

若要人重我,
약 요 인 중 아

無過我重人.
무 과 아 중 인

要(요) : 요구하다, 바라다.
重(중) : 존중하다, 정중하다.
無過(무과) : ~에 지나지 않는다.

한 마디 말이 맞지 않으면 천 마디 말이 쓸데없다.
- 18언어(言語) 말을 조심하라 · 2

一言不中, 千語無用.
일 언 부 중   천 어 무 용

입과 혀는 재앙과 근심이 드나드는 문이요,
몸을 망치는 도끼이다. (군평)
 - 18언어(言語) 말을 조심하라 · 3

君平 曰
군 평 왈

口舌者, 禍患之門, 滅身之斧也.
구 설 자 화 환 지 문 멸 신 지 부 야

君平(군평) : 중국 전한 무제(武帝) 때 사람으로 성은 엄(嚴), 이름은 준(遵)이며 '군평'은 그의 자이다.
口舌(구설) : 입과 혀.
禍患之門(화환지문) : 재앙과 근심의 문.
滅身之斧(멸신지부) : 몸을 망치는 도끼.

다른 사람을 이롭게 하는 말은 솜옷처럼 따스하고

다른 사람을 다치게 하는 말은 가시처럼 날카롭다.

다른 사람을 이롭게 하는 한 마디 말은 천금의 값어치가 나가고

다른 사람을 다치게 하는 한 마디 말은 칼로 베는 것처럼 아프다.

- 18언어(言語) 말을 조심하라 · 4

利人之言, 煖如綿絮,
이 인 지 언   난 여 면 서

傷人之語, 利如荊棘.
상 인 지 어   이 여 형 극

一言半句, 重値千金,
일 언 리 인   중 치 천 금

一語傷人, 痛如刀割.
일 어 상 인   통 여 도 할

利人(이인) : 남을 이롭게 하다.

傷人(상인) : 남을 다치게 하다.

綿絮(면서) : 솜옷.

荊棘(형극) : 가시.

痛(통) : 아프다.

刀割(도할) : 칼로 베다.

입은 사람을 찍는 도끼요,

말은 혓바닥을 베는 칼이니

입을 닫고 혀를 깊이 감추라.

몸이 어디 있든 편안하리라.

－18언어(言語) 말을 조심하라 · 5

口是傷人斧, 言是割舌刀,

구 시 상 인 부　　언 시 할 설 도

閉口深藏舌, 安身處處牢.

폐 구 심 장 설　　안 신 처 처 뢰

藏(장) : 감추다, 숨기다.

牢(뢰) : 굳다.

착한 사람과 함께 있으면 난초가 있는 방에 있는 것과 같다.

시간이 한참 지나면 그 향기를 맡지 못하지만 그에게 동화된다.

나쁜 사람과 함께 있으면 생선 가게에 들어간 것과 같다.

시간이 한참 지나면 그 냄새를 맡지 못하지만 그에게 감염된다.

빨간 물감을 담은 것은 붉어지고 검은 물감을 담은 것은 검어진다.

그래서 군자는 반드시 함께 지내는 사람에 대해 신중하다. (공자)

- 19교우(交友) 친구를 잘 사귀라 · 1

子 曰
자 왈

與善人居, 如入芝蘭之室, 久而不聞其香, 卽與之化矣.
여 선 인 거   여 입 지 란 지 실   구 이 불 문 기 향   즉 여 지 화 의

與不善人居, 如入鮑魚之肆, 久而不聞其臭, 亦與之化矣.
여 불 선 인 거   여 입 포 어 지 사   구 이 불 문 기 취   역 여 지 화 의

丹之所藏者, 赤, 漆之所藏者, 黑,
단 지 소 장 자   적   칠 지 소 장 자   흑

是以, 君子, 必愼其所與處者焉.
시 이   군 자   필 신 기 소 여 처 자 언

芝蘭(지란) : 영지와 난초.

聞(문) : 냄새를 맡다.

與之化(여지화) : 더불어 동화되다.

鮑魚之肆(포어지사) : 생선 가게.

臭(취) : 냄새.

丹(단) : 단사(붉은 빛깔이 나는 돌, 염료의 재료).

漆(칠) : 옻(검은 물감을 내는 재료).

착한 일을 쌓지 않으면 명성을 얻지 못한다.

나쁜 일을 쌓지 않으면 몸이 망쳐지는 지경까지 이르지는 않는다.

소인은 조그만 착한 일은 아무 이익이 없다고 여겨서 하지 않고

조그만 나쁜 일은 아무 해로움이 없다고 여겨서 그만두지 않는다.

그래서 악은 쌓이고 쌓여 가릴 수가 없게 되고

죄는 커지고 커져 풀 수가 없게 된다. (주역)

- 21 증보(增補) 덧붙임 · 1

周易 曰
주 역   왈

善不積, 不足以成名.
선 부 적   부 족 이 성 명

惡不積, 不足以滅身.
악 부 적   부 족 이 멸 신

小人, 以小善, 爲无益而弗爲也,
소 인   이 소 선   위 무 익 이 불 위 야

以小惡, 爲无傷而弗去也.
이 소 악   위 무 상 이 불 거 야

故, 惡積而不可掩, 罪大而不可解.
고   악 적 이 불 가 엄   죄 대 이 불 가 해

掩(엄) : 가리다.

解(해) : 풀다.

明心寶鑑

제 2 장

義

의

———

수오지심(羞惡之心)으로

불의를 부끄러워하고

악한 것을 미워하는 마음

착한 일은 아무리 작더라도 반드시 하고

나쁜 일은 아무리 작더라도 결코 하면 안 된다.

(한나라 소열황제가 죽음을 앞두고 아들에게)

- 1계선(繼善) 착하게 살아라 · 2

漢昭烈, 將終, 勅後主 曰
한 소 열　장 종　칙 후 주　왈

勿以善小而不爲,
물 이 선 소 이 불 위

勿以惡小而爲之.
물 이 악 소 이 위 지

漢昭烈(한소열) : 한(漢)나라는 중국 삼국 시대에 유비(劉備)가 세운 촉한(蜀漢)을 말하고, 소열황제(昭烈皇帝)는 유비를 말한다. 유비의 자는 현덕(玄德)이고, '소열'은 그의 시호이다.

將終(장종) : 죽으려 할 때.

將(장) : 장차 ~하다.

勅(칙) : 조칙, 임금이 내리는 명령.

後主(후주) : 유비의 아들 유선(劉禪).

勿(물) : 금지사로 ~하지 말라는 뜻.

以善小(이선소) : 착한 일이 작은 것이라고 해서.

不爲(불위) : 하지 않는다.

하루라도 착한 일을 생각하지 않으면
온갖 나쁜 일이 저절로 생겨난다. (장자)
- 1계선(繼善) 착하게 살아라 · 3

莊子 曰
장 자 왈

一日不念善,
일 일 불 염 선

諸惡皆自起.
제 악 개 자 기

莊子(장자) : 중국 전국시대의 사상가로 도가(道家)의 대표적인 인물이다. 전란의 중심지였던 송(宋)
나라 출신으로 이름은 주(周)이고 자는 자휴(子休)이다.
念善(염선) : 착한 일을 생각하다.
諸惡(제악) : 온갖 악.
自起(자기) : 저절로 일어난다.

평생토록 착한 일을 했어도 착함은 한없이 모자라고,

단 하루 나쁜 일을 했어도 나쁨은 차고 넘칠 정도로 많다. (마원)

- 1계선(繼善) 착하게 살아라 · 5

馬援 曰
마 원 왈

終身行善, 善猶不足,
종 신 행 선   선 유 부 족

一日行惡, 惡自有餘.
일 일 행 악   악 자 유 여

馬援(마원) : 후한 때의 이름난 장군으로 자는 문연(文淵)이다. 12세 때 고아가 되었으나 큰 뜻을 품어
왕망(王莽) 때 한중태수(漢中太守)의 지위에 올랐다.

終身(종신) : 평생토록.

善猶不足(선유부족) : 착함은 오히려 부족하다.

惡自有餘(악자유여) : 악함은 스스로 남음이 있다.

사람들에게 은혜와 의리를 두루두루 베풀며 살아라.

사람이 살다 보면 어느 곳에서든 서로 만나기 마련이다.

사람들과 원수지간이 되지 말아라.

좁은 길에서 서로 만나면 피해가기 어렵다. 《경행록》

- 1계선(繼善) 착하게 살아라 · 7

景行錄 曰
경 행 록   왈

恩義廣施.
은 의 광 시

人生何處不相逢, 讐怨莫結.
인 생 하 처 불 상 봉   수 원 막 결

路逢狹處難回避.
노 봉 협 처 난 회 피

景行錄(경행록) : 중국 송나라 때 지어졌다는 책이다. 지금은 전하지 않는다. 시경(詩經) 〈소아거할(小雅 · 車舝)〉에 "고산앙지, 경행행지(高山仰止, 景行行止)"라는 구절이 있다.

恩義(은의) : 은혜와 의리.

廣施(광시) : 널리 베풀다.

何處(하처) : 어느 곳.

讐怨(수원) : 원수와 원한.

莫結(막결) : 맺지 마라.

狹處(협처) : 좁은 곳.

어느 하루 착한 일을 했다고 복이 곧 오지는 않겠지만 화는 저절로 멀어진다.

어느 하루 나쁜 일을 했다고 화가 곧 오지는 않겠지만 복은 저절로 멀어진다.

착한 일을 하는 사람은 봄동산의 풀처럼 자라는 것이 보이지는 않지만

매일 자라는 것과 같다.

나쁜 일을 하는 사람은 칼을 가는 숫돌처럼

닳아 없어지는 것이 보이지는 않지만

매일 줄어드는 것과 같다. (동악성제의 〈수훈〉)

－1계선(繼善) 착하게 살아라 · 9

東岳聖帝 垂訓, 曰
동 악 성 제　수 훈　왈

一日行善, 福雖未至, 禍自遠矣.
일 일 행 선　복 수 미 지　화 자 원 의

一日行惡, 禍雖未至, 福自遠矣.
일 일 행 악　화 수 미 지　복 자 원 의

行善之人, 如春園之草, 不見其長, 日有所增.
행 선 지 인　여 춘 원 지 초　불 견 기 장　일 유 소 증

行惡之人, 如磨刀之石, 不見其損, 日有所虧.
행 악 지 인　여 마 도 지 석　불 견 기 손　일 유 소 휴

東岳聖帝(동악성제) : 도교에서 받들어 모시는 신선으로 태산부군(泰山府君)이라고도 한다. 동악은 오악(五嶽)의 하나로 태산(泰山)을 말한다.

垂訓(수훈) : '후세에 전하는 교훈'이라는 뜻이다.

雖(수) : 비록.

未至(미지) : 오지 않다.

自遠(자원) : 저절로 멀어지다.

春園之草(춘원지초) : 봄동산의 풀.

所增(소증) : 늘어나는 바.

磨刀之石(마도지석) : 칼을 가는 숫돌.

所虧(소휴) : 닳는 바.

다른 사람을 가늠해 보고 싶거든 먼저 자신을 가늠해 보라.

다른 사람을 해치는 말은 도리어 자신을 해친다.

피를 머금어 다른 사람에게 뿜으면

자신의 입이 먼저 더러워지는 법이다. (태공)

- 5정기(正己) 몸을 바르게 하라 · 19

太公 曰
태 공 왈

欲量他人, 先須自量.
욕 량 타 인   선 수 자 량

傷人之語, 還是自傷.
상 인 지 어   환 시 자 상

含血噴人, 先汚其口.
함 혈 분 인   선 오 기 구

量(량) : 헤아리다.

傷人之語(상인지어) : 남을 해치는 말.

還是(환시) : 도리어.

含(함) : 머금다.

噴(분) : 뿜다.

汚(오) : 더럽다.

평생에 눈살 찌푸릴 일 하지 않으면

세상에 이를 갈 사람 하나 없으리.

큰 이름을 어찌 무딘 돌에 새기랴.

길 가는 사람의 말 한마디 비석보다 나으리. 《격양시》

－ 11 성심(省心) 마음을 살펴라 · 上31

擊壤詩 云
격 양 시 운

平生, 不作皺眉事, 世上, 應無切齒人.
평 생 부 작 추 미 사 세 상 응 무 절 치 인

大名, 豈有鑴頑石, 路上行人, 口勝碑.
대 명 기 유 전 완 석 노 상 행 인 구 승 비

擊壤詩(격양시) : 중국 북송 때 소강절이 엮은 《이천격양집》을 말한다. 옛날 요임금 때에 늙은 농부
가 태평한 시대를 즐거워하며 땅바닥을 치면서 부른 노래가 〈격양가〉인데, 이 노래에서 시집의 이름
을 따왔다.

皺眉(추미) : 눈살을 찌푸리다.

切齒(절치) : 이를 갈다.

鑴(전) : 새기다.

頑石(완석) : 무딘 돌.

勝(승) : ～보다 낫다.

가난하면 시끌벅적한 시내에 살아도 서로 아는 사람이 없지만,
부유하면 깊은 산골에 살아도 멀리서 찾아오는 친구가 있다.
- 11성심(省心) 마음을 살펴라 · 上40

貧居, 鬧市, 無相識,
빈 거　요 시　무 상 식

富住, 深山, 有遠親.
부 주　심 산　유 원 친

鬧市(요시) : 시끄러운 시장.
相識(상식) : 서로 알다.
遠親(원친) : 멀리서 찾아오는 친구.

선비로서 도에 뜻을 두면서도 좋지 않은 옷과 음식을 부끄러워하는 사람은
함께 의논할 만하지 않다. (공자)
- 11성심(省心) 마음을 살펴라 · 上45

子 曰
자 왈

士志於道而恥惡衣惡食者,
사 지 어 도 이 치 악 의 악 식 자

未足與議也.
미 족 여 의 야

惡衣(악의) : 나쁜 옷.
惡食(악식) : 나쁜 음식.
未足(미족) : 아직 부족하다.
與議(여의) : 함께 의논하다.

선비 곁에 시기심 많은 친구가 있으면
현명한 친구와 사귈 수 없고
임금 곁에 질투심 많은 신하가 있으면
현명한 신하가 오지 않는다. (순자)
- 11 성심(省心) 마음을 살펴라 · 上46

荀子 曰
순 자 왈

士有妬友, 則賢交不親,
사 유 투 우 즉 현 교 불 친

君有妬臣, 則賢人不至.
군 유 투 신 즉 현 인 부 지

妬友(투우) : 질투하는 친구.
交(교) : 사귐.

봄비가 땅을 기름지게 하지만
길 가는 사람은 그 질척거림을 싫어한다.
가을달이 휘영청 밝지만
도둑질하는 사람은 그 밝게 비춤을 미워한다. (허경종)
- 12성심(省心) 마음을 살펴라 · 下6

許敬宗 曰
허 경 종   왈

春雨如膏, 行人惡其泥濘,
춘 우 여 고   행 인 오 기 니 녕

秋月揚輝, 盜者憎其照鑑.
추 월 양 휘   도 자 증 기 조 감

許敬宗(허경종) : 중국 당나라 고종 때의 재상으로 자는 연족(延族)이다.
膏(고) : 기름.
泥濘(니녕) : 진창.
揚輝(양휘) : 밝게 비추다.
照鑑(조감) : 밝게 비치다.

대장부는 착함을 보는 것이 밝으므로

명예와 절개를 태산보다 무겁게 여기고

마음씀이 세심하므로 죽음과 삶을 기러기털보다 가볍게 여긴다. 《경행록》

- 12성심(省心) 마음을 살펴라 · 下7

景行錄 云

경 행 록 운　·

大丈夫, 見善明,

대 장 부　견 선 명

故, 重名節於泰山,

고　중 명 절 어 태 산

用心精,

용 심 정

故, 輕死生於鴻毛.

고　경 사 생 어 홍 모

名節(명절) : 명예와 절개.

於(어) : ~보다.

用心精(용심정) : 마음씀이 세밀하다.

鴻毛(홍모) : 기러기의 털.

하늘이 만약 일정한 법칙을 잃으면
바람 불거나 비가 올 것이다.
사람이 만약 일정한 법도를 어기면
병나거나 죽을 것이다.
- 12성심(省心) 마음을 살펴라 · 下12

天若改常, 不風則雨.
천 약 개 상   불 풍 즉 우

人若改常, 不病則死.
인 약 개 상   불 병 즉 사

改常(개상) : 일정한 법도를 바꾸다.

나무는 먹줄을 따르면 곧아지고
사람은 충고를 받아들이면 성스러워진다. (공자)
- 12성심(省心) 마음을 살펴라 · 下14

子 曰
자　왈

木從繩則直,
목 종 승 즉 직

人受諫則聖.
인 수 간 즉 성

繩(승) : 먹줄.
諫(간) : 간언, 충고.

눈으로 본 일도 다 믿지 못하는데
등 뒤에서 한 말이야 어찌 깊이 믿을 만하겠는가.
- 12성심(省心) 마음을 살펴라 · 下9

經目之事, 恐未皆眞,
경 목 지 사   공 미 개 진

背後之言, 豈足深信.
배 후 지 언   기 족 심 신

經目(경목) : 눈으로 직접 보다.

관리는 벼슬자리가 생긴 데서 태만해지고
병은 조금 나은 데서 더 심해진다.
재앙은 게으르고 나태한 데서 생겨나고
효도는 처자식이 생기는 데서 쇠퇴한다.
이 네 가지를 살펴서 처음처럼 나중에도 조심해야 할 것이다.《설원》
- 12성심(省心) 마음을 살펴라 · 下25

說苑 曰
설 원 왈

官怠於宦成, 病加於小愈.
관 태 어 환 성　병 가 어 소 유

禍生於懈惰, 孝衰於妻子.
화 생 어 해 타　효 쇠 어 처 자

察此四者, 愼終如始.
찰 차 사 자　신 종 여 시

說苑(설원) : 중국 전한 때의 유향(劉向)이 유명한 사람들의 일화를 모아 편찬한 책이다.
宦(관) : 벼슬.
懈惰(해타) : 게으르고 태만함.
愼終如始(신종여시) : 처음처럼 끝까지 신중하게 하다.

明心寶鑑

제 3 장

禮

예

———

사양지심(辭讓之心)으로

겸손하여 남을 위해 사양하고

배려하는 마음

내가 부모님께 효도하면 내 자식도 나에게 효도할 것이다.
자신이 이미 효도하지 않는데 자식이 어찌 효도하겠는가. (태공)
－4효행(孝行) 효도를 하라 · 5

太公 曰
태 공 왈

孝於親, 子亦孝之.
효 어 친 　 자 역 효 지

身旣不孝, 子何孝焉.
신 기 불 효 　 자 하 효 언

孝於親(효어친) : 부모에게 효도하다.
子何孝焉(자하효언) : 자식이 어찌 효도하겠는가.

부모님께 효도하고 순종하는 사람은
자신에게 효도하고 순종하는 자식을 낳을 것이다.
부모님께 거스르고 거역하는 사람은
자신에게 거스르고 거역하는 자식을 낳을 것이다.
믿지 못하겠다면 처마 끝의 낙숫물을 보라.
방울방울 떨어지는 것이 한 치도 어긋나지 않는다.
- 4효행(孝行) 효도를 하라 · 6

孝順, 還生孝順子.
효 순   환 생 효 순 자

忤逆, 還生忤逆子.
오 역   환 생 오 역 자

不信, 但看簷頭水.
불 신   단 간 첨 두 수

點點滴滴不差移.
점 점 적 적 불 차 이

孝順(효순) : 효도하고 순종하다.
還(환) : 다시.
忤逆(오역) : 거스르고 거역하다.
但(단) : 다만.
簷頭水(첨두수) : 처마끝의 낙숫물.
點點(점점) : 방울방울.
滴滴(적적) : 물방울이 떨어지다.
不差移(불차이) : 어긋나지 않는다.

기뻐하고 화냄은 마음속에 있고
말은 입 밖으로 나가는 것이니 조심해야 한다. (채백개)
- 5정기(正己) 몸을 바르게 하라 · 24

蔡伯喈 曰
채 백 개 왈

喜怒在心, 言出於口, 不可不愼.
희 노 재 심   언 출 어 구   불 가 불 신

蔡伯喈(채백개) : 중국 후한 때 학자로, 이름은 옹(邕)이고 '백개'는 그의 자이다. 경사(經史), 음률(音律), 천문(天文) 및 시부(詩賦)에 두루 능했으며 비문 글씨를 잘 써서 낙양의 태학(太學) 문 밖에 육경의 경문을 담은 희평석경(熹平石經)을 남겼다.
喜怒(희노) : 기쁨과 노여움.
不可不愼(불가불신) : 조심하지 않을 수 없다(조심해야 한다).

매우 어리석은 사람도 다른 사람을 탓할 때는 똑똑하고
매우 총명한 사람도 자신을 용서할 때는 잘못을 범한다.
너희들은 다른 사람을 탓하는 마음으로 자신을 꾸짖고,
자신을 용서하는 마음으로 다른 사람을 용서하거라.
그렇게 한다면 성현의 경지에 이르지 못할까 걱정할 필요가 없다.
(범충선공이 자제에게 당부한 말)
- 7존심(存心) 마음을 보존하라 · 3

范忠宣公, 戒子弟 曰
범 충 선 공   계 자 제 왈

人雖至愚, 責人則明, 雖有聰明, 恕己則昏.
인 수 지 우 책 인 즉 명   수 유 총 명 서 기 즉 혼

爾曹, 但當以責人之心, 責己,
이 조   단 당 이 책 인 지 심   책 기

恕己之心, 恕人, 則不患不到聖賢地位也.
서 기 지 심   서 인   즉 불 환 부 도 성 현 지 위 야

范忠宣公(범충선공) : 중국 북송 철종(哲宗) 때의 이름난 재상으로, 성이 범(范)이고, 이름은 순인(純仁)
이며, '충선'은 그의 시호이다.《송사(宋史)》314권에 그의 열전이 실려 있다.
責人(책인) : 남을 책망하다.
恕己(서기) : 자기를 용서하다.
爾曹(이조) : 너희들.
不患不到(불환부도) : 이르지 못할 것을 걱정하지 않는다(걱정할 것이 없다).

총명하고 지혜롭더라도 어리석음을 지니고
공적이 세상에 가득해도 겸양을 지녀라.
용감함이 세상에 떨쳤어도 소심함을 지니고
세상을 다 가질 만큼 부유하더라도 겸손을 지녀라. (공자)

－7존심(存心) 마음을 보존하라 · 4

子 曰
자　왈

聰明思睿, 守之以愚,
총 명 사 예 　 수 지 이 우

功被天下, 守之以讓.
공 피 천 하 　 수 지 이 양

勇力振世, 守之以怯,
용 력 진 세 　 수 지 이 겁

富有四海, 守之以謙.
부 유 사 해 　 수 지 이 겸

思睿(사예) : 생각하고 슬기롭다.
守之(수지) : 지키다.
被(피) : 입다, 덮다.
振世(진세) : 세상에 떨치다.
四海(사해) : 온 세상.

집은 비록 가난해도 큰일 없이 오손도손 사는 것이
집은 부유해도 큰일 겪으며 사는 것보다 낫다.
풀로 엮은 집에서 큰일 없이 사는 것이 금으로 칠한 집에서
큰일 치르며 사는 것보다 낫다.
거친 밥 먹으며 병 없이 사는 것이 좋은 약 먹으며
골골대며 사는 것보다 낫다. 《익지서》

- 7존심(存心) 마음을 보존하라 · 14

益智書 云
익 지 서   운

寧無事而家貧, 莫有事而家富.
영 무 사 이 가 빈　막 유 사 이 가 부

寧無事而住茅屋, 不有事而住金屋.
영 무 사 이 주 모 옥　불 유 사 이 주 금 옥

寧無病而食饑飯, 不有病而服良藥.
영 무 병 이 식 서 반　불 유 병 이 복 양 약

益智書(익지서) : 중국 송나라 때 지어졌다는 책으로 지금은 전하지 않는다. '익지(益智)'라는 말은 '지혜를 더한다'는 뜻이다.

寧~ 莫~(영~ 막~) : ~할지언정 ~하지 말라.

茅屋(모옥) : 초가집.

饑飯(서반) : 거친 밥.

良藥(양약) : 좋은 약.

아내와 자식을 사랑하는 마음으로 부모님을 섬긴다면

그 효도는 더할 나위 없을 것이다.

재산과 명예를 지키는 마음으로 임금을 받든다면

그 충성은 어디든 펼쳐질 것이다.

다른 사람을 탓하는 마음으로 자신을 꾸짖는다면 허물이 적을 것이다.

자신을 용서하는 마음으로 다른 사람을 용서한다면 사귐이 온전할 것이다.

– 7 존심(存心) 마음을 보존하라 · 18

以愛妻子之心, 事親, 則曲盡其孝.
이 애 처 자 지 심   사 친   즉 곡 진 기 효

以保富貴之心, 奉君, 則無往不忠.
이 보 부 귀 지 심   봉 군   즉 무 왕 불 충

以責人之心, 責己, 則寡過.
이 책 인 지 심   책 기   즉 과 과

以恕己之心, 恕人, 則全交.
이 서 기 지 심   서 인   즉 전 교

無往不忠(무왕불충) : 가는 곳마다 충성하지 않음이 없다(어디를 가더라도 충성한다).

寡過(과과) : 허물이 적다.

사람의 성품은 물과 같다.

물이 한번 쏟아지면 다시 담을 수 없듯이

성품이 한번 방종해지면 다시 돌이킬 수 없다.

물을 막으려면 반드시 둑을 쌓아 막듯이

성품을 바로잡으려면 반드시 예법으로 해야 한다. 《경행록》

－8계성(戒性) 성품을 경계하라·1

景行錄 云
경 행 록   운

人性, 如水.
인 성   여 수

水一傾則不可復, 性一從則不可反.
수 일 경 즉 불 가 복   성 일 종 즉 불 가 반

制水者, 必以堤防, 制性者, 必以禮法.
제 수 자   필 이 제 방   제 성 자   필 이 예 법

如水(여수) : 물과 같다.

傾(경) : 기울다, 엎지르다.

復(복) : 되돌리다.

從(종) : 방종하다, 제멋대로 하다.

制水(제수) : 물을 제어하다.

制性(제성) : 성품을 제어하다.

지나친 아낌은 반드시 심한 낭비를 가져온다.
지나친 청찬은 반드시 심한 비난을 가져온다.
지나친 기쁨은 반드시 심한 슬픔을 가져온다.
지나친 축적은 반드시 심한 망실을 가져온다.

- 11 성심(省心) 마음을 살펴라 · 上7

甚愛必甚費,
심 애 필 심 비

甚譽必甚毀,
심 예 필 심 훼

甚喜必甚憂,
심 희 필 심 우

甚藏必甚亡.
심 장 필 심 망

甚(심) : 지나친, 심한.
愛(애) : 아낌, 인색함.
費(비) : 소비, 낭비.
藏(장) : 쌓아 둠.

위태함과 험함을 알면 언제나 죄의 그물에 걸리는 일이 없을 것이다.
착한 사람을 치켜세우고 어진 사람을 천거하면 저절로 몸을 편안히 하는 길이
열릴 것이다. 인을 베풀고 덕을 펴면 대대로 영예롭고 번창할 것이다.
질투하는 마음을 품고 원한을 갚으면 자손에게 위태로움과 환난이 미칠 것이다.
남에게 손해를 입혀 자기를 이롭게 하면 끝내 이름을 빛내는 후손이 없을 것이다.
뭇 사람에게 해를 끼쳐 집안을 이룬다면 어찌 부귀가 오래가겠는가.
이름이 바뀌고 몸이 달라지는 일은 모두가 교묘한 말 때문에 생겨난다.
재앙이 일어나 몸을 다치게 되는 일은 모두가 어질지 못해서이다. (진종)
- 12성심(省心) 마음을 살펴라 · 下1

眞宗皇帝 御製 曰
진 종 황 제 어 제 왈

知危識險, 終無羅網之門. 擧善薦賢, 自有安身之路.
지 위 식 험 종 무 라 망 지 문 거 선 천 현 자 유 안 신 지 로

施仁布德, 乃世代之榮昌. 懷妬報冤, 與子孫之危患.
시 인 포 덕 내 세 대 지 영 창 회 투 보 원 여 자 손 지 위 환

損人利己, 終無顯達雲仍. 害衆成家, 豈有久長富貴.
손 인 리 기 종 무 현 달 운 잉 해 중 성 가 기 유 구 장 부 귀

改名異體, 皆因巧語而生. 禍起傷身, 皆是不仁之召.
개 명 이 체 개 인 교 어 이 생 화 기 상 신 개 시 불 인 지 소

眞宗(진종) : 중국 북송의 제3대 황제로 이름은 항(恒)이다. 재위 기간은 997년에서 1022년까지다.
御製(어제) : 임금이 지은 시문.
羅網(라망) : 그물.
擧善薦賢(거선천현) : 착한 사람과 현명한 사람을 천거하다.
懷妬報冤(회투보원) : 질투하는 마음을 품고 원한을 갚다.
雲仍(운잉) : 자손.
改名異體(개명이체) : 이름을 바꾸고 몸을 달리하다.
禍起傷身(화기상신) : 화가 일어나 몸을 다치게 하다.

천 칸짜리 고대광실이라도 밤에 누울 자리는 여덟 자면 충분하고
기름진 밭이 만 경이라도 하루에 먹는 쌀은 두 되면 충분하다.
- 12성심(省心) 마음을 살펴라 · 下18

大廈千間, 夜臥八尺,
대 하 천 간　　야 와 팔 척

良田萬頃, 日食二升.
양 전 만 경　　일 식 이 승

大廈(대하) : 큰 집.
夜臥(야와) : 밤에 눕는 자리.
良田(양전) : 좋은 밭.
萬頃(만경) : 만 이랑.
二升(이승) : 두 되.

아무 까닭 없이 천금을 얻으면 큰 복이 있는 게 아니라
반드시 큰 화가 닥칠 것이다. (소동파)
- 12성심(省心) 마음을 살펴라 · 下16

蘇東坡 曰
소 동 파   왈

無故而得千金, 不有大福,
무 고 이 득 천 금   불 유 대 복

必有大禍.
필 유 대 화

蘇東坡(소동파) : 중국 북송 때의 문학가로 이름은 식(軾), 자는 자첨(子瞻), 시호는 문충(文忠)이며 '동
파'는 그의 호이다.
無故(무고) : 까닭 없이.

덕이 보잘것없으면서도 지위가 높고,
지혜가 작으면서도 꾀하는 일이 크다면
화를 당하지 않는 사람이 드물 것이다.《주역》

- 12성심(省心) 마음을 살펴라 · 下24

易 曰
역 왈

德微而位尊,
덕 미 이 위 존

智小而謀大,
지 소 이 모 대

無禍者鮮矣.
무 화 자 선 의

周易(주역) :《經(경)》과《傳(전)》의 두 부분을 포괄한다. 그러나 원래의《주역》은 은나라와 주나라의
교체 시기에 만들어진 점술서로《경》으로만 이루어진 책이다.《경》은 64괘의 괘획(卦畫), 표제(標題),
괘사(卦辭), 효사(爻辭) 네 부분으로 되어 있다. 64가지 상징 부호가 64괘이다.
微(미) : 미약하다, 보잘것없다.

몸을 세우는 데는 뜻이 있는데 효도가 그 근본이다.

초상과 제사에는 예절이 있는데 슬픔이 그 근본이다.

전투 배치에는 질서가 있는데 용기가 그 근본이다.

정치를 하는 데는 이치가 있는데 농사가 그 근본이다.

나라를 지키는 데는 도리가 있는데 후사가 그 근본이다.

재화를 생산하는 데는 시기가 있는데 노동력이 그 근본이다. (공자)

- 13입교(立敎) 가르침을 세워라 · 1

子 曰
자 왈

立身有義, 而孝其本.
입 신 유 의　이 효 기 본

喪祀有禮, 而哀爲本.
상 사 유 례　이 애 위 본

戰陣有列, 而勇爲本.
전 진 유 열　이 용 위 본

治政有理, 而農爲本.
치 정 유 리　이 농 위 본

居國有道, 而嗣爲本.
거 국 유 도　이 사 위 본

生財有時, 而力爲本.
생 재 유 시　이 력 위 본

喪祀(상사) : 초상과 제사.

戰陣(전진) : 전쟁에서 진 치는 일.

嗣(사) : 후사.

책을 읽는 것이 집안을 일으키는 근본이다.
이치를 따르는 것이 집안을 지키는 근본이다.
부지런하고 검소한 것이 집안을 다스리는 근본이다.
화목하고 순종하는 것이 집안을 가지런히 하는 근본이다.
- 13입교(立敎) 가르침을 세워라 · 3

讀書, 起家之本,
독 서　　기 가 지 본

循理, 保家之本,
순 리　　보 가 지 본

勤儉, 治家之本,
근 검　　치 가 지 본

和順, 齊家之本.
화 순　　제 가 지 본

循理(순리) : 이치를 따르다.
勤儉(근검) : 부지런함과 검소함.
齊家(제가) : 집안을 가지런히 하다.

임금 섬기기를 부모님 섬기듯 하고, 윗사람 섬기기를 형님 섬기듯 하고,

동료를 대하기를 내 가족처럼 하고, 여러 아전 대하기를 내 하인같이 하고,

백성 사랑하기를 내 아내와 자식처럼 하고,

관청의 일 처리하기를 내 집안일처럼 하고,

그런 뒤에야 내 온 마음을 다했다 할 수 있으니,

만약 털끝만큼이라도 미흡함이 있다면

모두가 내 마음에 아직 극진하지 못한 것이 있기 때문이다.

- 14 치정(治政) 정치를 잘하라 · 5

事君, 如事親, 事官, 長如事兄,
사 군　여 사 친　사 관　장 여 사 형

與同僚, 如家人, 待群吏, 如奴僕,
여 동 료　여 가 인　대 군 리　여 노 복

愛百姓, 如妻子, 處官事, 如家事,
애 백 성　여 처 자　처 관 사　여 가 사

然後, 能盡吾之心, 如有毫末不至,
연 후　능 진 오 지 심　여 유 호 말 부 지

皆吾心, 有所未盡也.
개 오 심　유 소 미 진 야

群吏(군리) : 여러 아전.

奴僕(노복) : 종, 하인.

毫末(호말) : 털끝.

有所未盡(유소미진) : 다하지 못한 바가 있다.

군자가 용기만 있고 예의가 없으면 세상을 어지럽게 하고,

소인이 용기만 있고 예의가 없으면 도둑이 된다. (공자)

─ 17준예(遵禮) 예절을 따르라 · 2

子 曰
자　왈

君子有勇而無禮, 爲亂,
군 자 유 용 이 무 례　위 란

小人有勇而無禮, 爲盜.
소 인 유 용 이 무 례　위 도

亂(난) : 혼란.

盜(도) : 도둑.

자기 집 두레박줄 짧은 건 원망 않고
남의 집 우물만 깊다고 원망한다.
- 12성심(省心) 마음을 살펴라 · 下10

不恨自家汲繩短,
불 한 자 가 급 승 단

只恨他家苦井深.
지 한 타 가 고 정 심

汲繩(급승) : 두레박 줄.
苦井(고정) : 나쁜 우물.

부자라서 친하지 않고 가난뱅이라서 멀리하지 않는 이가
바로 세상의 대장부이고
부자라서 찾아오고 가난뱅이라서 떠나가는 이가
바로 세상의 소인배라네. (소동파)
- 16안의(安義) 의리 있게 살아라 · 3

蘇東坡 云
소 동 파   운

富不親兮貧不疎,
부 불 친 혜 빈 불 소

此是人間大丈夫,
차 시 인 간 대 장 부

富則進兮貧則退,
부 즉 진 혜 빈 즉 퇴

此是人間盡小輩.
차 시 인 간 진 소 배

人間(인간) : 세상.
小輩(소배) : 소인배.

明心寶鑑

제 4 장

知

지

———

시비지심(是非之心)으로
옳고 그름을 가릴 줄 아는 마음

다른 사람의 착한 점을 보면 내게도 그런 착한 점이 있나 살펴보고,

다른 사람의 나쁜 점을 보면 내게도 그런 나쁜 점이 있나 살펴보라.

이렇게 해야 보탬이 된다. 《성리서》

－5정기(正己) 몸을 바르게 하라 · 1

性理書 云
성 리 서 운

見人之善, 而尋其之善,
견 인 지 선   이 심 기 지 선

見人之惡, 而尋其之惡.
견 인 지 악   이 심 기 지 악

如此, 方是有益.
여 차   방 시 유 익

性理書(성리서) : 송나라 때 많이 지어진 성리학에 관한 책을 말한다. 성리학은 송·명시대의 유가철학사상으로 정주학파(程朱學派)의 이학(理學)을 주로 가리키며 도학(道學)이라고 부르기도 한다. 정이가 말한 "본성은 곧 천리이다"[性卽理也]라는 명제에 근원을 두고 있다.

尋(심) : 찾다.

如此(여차) : 이렇게 하다, 이와 같다.

方是(방시) : 비로소.

내게 잘한다 잘한다 하면서 부추기는 사람은
곧 내게 해로운 사람이다.
내게 잘못됐다 잘못됐다 하면서 바로잡아 주는 사람은
곧 내 스승이다.

– 5정기(正己) 몸을 바르게 하라 · 6

道吾善者, 是吾賊.
도 오 선 자   시 오 적

道吾惡者, 是吾師.
도 오 악 자   시 오 사

道(도) : 말하다.
吾賊(오적) : 나의 적.
吾師(오사) : 나의 스승.

삶을 온전히 보존하려는 사람은 욕심을 적게 갖고
몸을 온전히 보존하려는 사람은 명예를 피한다.
욕심을 없애기는 쉽지만 명예욕을 없애기는 어렵다. 《경행록》
- 5정기(正己) 몸을 바르게 하라 · 8

景行錄 曰
경 행 록   왈

保生者, 寡慾,
보 생 자   과 욕

保身者, 避名.
보 신 자   피 명

無慾, 易, 無名, 難.
무 욕   이   무 명   난

保生者(보생자) : 삶을 보존하려는 사람.
寡慾(과욕) : 욕심을 적게 하다.
避名(피명) : 명예를 피하다.

군자가 경계해야 할 세 가지가 있다.

첫째, 어릴 때는 혈기가 아직 안정되지 못하니 여색을 경계해야 한다.

둘째, 장성하면 혈기가 한창 군세니 싸움을 경계해야 한다.

셋째, 늙으면 혈기가 이미 쇠약해지니 탐욕을 경계해야 한다. (공자)

– 5 정기(正己) 몸을 바르게 하라 · 9

子 曰
자 왈

君子有三戒.
군 자 유 삼 계

少之時, 血氣未定, 戒之在色,
소 지 시   혈 기 미 정   계 지 재 색

及其長也, 血氣方剛, 戒之在鬪,
급 기 장 야   혈 기 방 강   계 지 재 투

及其老也, 血氣旣衰, 戒之在得.
급 기 노 야   혈 기 기 쇠   계 지 재 득

三戒(삼계) : 세 가지의 경계.

色(색) : 여색.

鬪(투) : 싸움.

得(득) : 탐욕.

사람들이 좋아하더라도 정말 좋아할 만한 것인지
실제 정황을 반드시 살펴봐야 한다.
사람들이 미워하더라도 정말 미워할 만한 것인지
실제 정황을 반드시 살펴봐야 한다. (공자)
- 5 정기(正己) 몸을 바르게 하라 · 16

子 曰
자   왈

衆好之, 必察焉,
중 호 지   필 찰 언

衆惡之, 必察焉.
중 오 지   필 찰 언

好之(호지) : 좋아하다.
察焉(찰언) : 거기에서 살피다.
惡之(오지) : 미워하다.

아무도 보지 않는 밀실에 앉아 있어도
툭 트인 네거리에 앉아 있듯이 하고,
작은 마음 쓰기를 여섯 필 말을 부리듯이 하면
허물을 피할 수 있다. 《경행록》

-7존심(存心) 마음을 보존하라 · 1

景行錄 云
경 행 록   운

坐密室, 如通衢,
좌 밀 실   여 통 구

馭寸心, 如六馬,
어 촌 심   여 육 마

可免過.
가 면 과

通衢(통구) : 사방으로 통하는 네거리.
馭(어) : 말을 부리다.
免過(면과) : 허물을 면하다.

담력은 크게 가지되 마음가짐은 늘 조마조마 세심하도록 노력하고,
앎은 두루두루 망라하고 실천은 딱 부러지게 하도록 노력하라. (손사막)

－7존심(存心) 마음을 보존하라 · 7

孫思邈 曰
손 사 막   왈

膽欲大而心欲小,
담 욕 대 이 심 욕 소

知欲圓而行欲方.
지 욕 원 이 행 욕 방

孫思邈(손사막) : 중국 당(唐)나라 때의 학자로서 노장사상에 정통했고, 음양학과 의약학에도 뛰어났
다. 조정의 부름에 나아가지 않고 민간에 남아 백성들의 의사로서 살아갔다.

膽(담) : 담력.

心(심) : 마음가짐.

知(지) : 앎.

行(행) : 실천.

생각은 언제나 전쟁터에 나가는 날처럼 하고,
마음은 늘 외나무다리를 건널 때처럼 써라.
-7존심(存心) 마음을 보존하라 · 8

念念要如臨戰日,
염 염 요 여 임 전 일

心心常似過橋時.
심 심 상 사 과 교 시

念念(염염) : 생각마다.
要(요) : 해야 한다.
臨戰(임전) : 전쟁에 임하다.
過橋(과교) : 다리를 건너다.

너의 생각이 삐뚤어져 있으면 타일러 준들 무슨 소용 있으며,

너의 의견이 좋지 못하면 가르쳐 준들 무슨 보탬이 있겠는가.

자신의 이익만 생각하면 도리를 어기게 되고,

사사로운 생각이 굳어지면 공정함을 해친다.

- 7존심(存心) 마음을 보존하라 · 19

爾謀不臧, 誨之何及,
이 모 부 장　　회 지 하 급

爾見不長, 敎之何益.
이 견 부 장　　교 지 하 익

利心專則背道,
이 심 전 즉 배 도

私意確則滅公.
사 의 확 즉 멸 공

爾謀(이모) : 너의 꾀.

不臧(부장) : 좋지 않다.

何及(하급) : ~에 미치겠는가.

背道(배도) : 도리를 어기다.

確(확) : 확고하다, 고집하다.

滅公(멸공) : 공정함을 해치다.

사람이 배우지 않음은 아무런 재주 없이 하늘에 오르려는 것과 같다.

배워서 지혜가 깊어짐은

상서로운 구름을 헤치고 푸른 하늘을 바라보는 것과 같고

높은 산에 올라가 온 세상을 내려다보는 것과 같다. (장자)

- 9근학(勤學) 부지런히 배워라 · 2

莊子 曰
장 자 왈

人之不學, 如登天而無術.
인 지 불 학　여 등 천 이 무 술

學而智遠, 如披祥雲而觀靑天,
학 이 지 원　여 피 상 운 이 도 청 천

登高山而望四海.
등 고 산 이 망 사 해

登天(등천) : 하늘에 오르다.

無術(무술) : 기술이 없다.

智遠(지원) : 지혜가 깊어지다.

披(피) : 헤치다.

祥雲(상운) : 상서로운 구름.

觀(도) : 보다.

옥도 다듬지 않으면 그릇이 안 되듯이
사람이 배우지 않으면 도리를 모른다. (예기)

- 9근학(勤學) 부지런히 배워라 · 3

禮記 曰
예 기 왈

玉不琢, 不成器,
옥 불 탁 불 성 기

人不學, 不知道.
인 불 학 부 지 도

禮記(예기) : 유가 경전의 하나로 진·한(秦·漢) 이전의 각종 예의에 관한 학설들을 선별하여 모아 놓은
것이다. 전한의 경학가인 대성(戴聖)이 편집한 것으로 전해진다.
不琢(불탁) : 다듬지 않는다.
成器(성기) : 그릇을 이룬다.

사람이 배우지 않으면

한 점 불빛 없는 캄캄한 밤길을 가는 것과 같다. (태공)

-9근학(勤學) 부지런히 배워라 · 4

太公 曰
태 공 왈

人生不學,
인 생 불 학

如冥冥夜行.
여 명 명 야 행

冥冥夜行(명명야행) : 어둡고 어두운 밤길을 가다.

집이 가난해도 가난 때문에 배움을 포기해선 안 되고,

집이 부유해도 부유함을 믿고 배움을 게을리해선 안 된다.

가난한 사람이 부지런히 공부하면 입신할 수 있을 것이고,

부유한 사람이 부지런히 공부하면 이름이 더욱 빛날 것이다.

배우는 사람이 입신출세하는 건 보았지만

배우는 사람치고 성취하지 못하는 건 보지 못했다.

배움은 몸의 보배이고 배운 사람은 세상의 보배이다.

그러므로 배우는 사람은 군자가 되고 배우지 않는 사람은 소인이 된다.

뒷날 배우는 사람들이여, 모름지기 배움에 힘쓸 일이다. (주문공)

- 9근학(勤學) 부지런히 배워라 · 6

朱文公 曰
주 문 공 왈

家若貧, 不可因貧而廢學, 家若富, 不可恃富而怠學.
가 약 빈　불 가 인 빈 이 폐 학　가 약 부　불 가 시 부 이 태 학

貧若勤學, 可以立身, 富若勤學, 名乃光榮.
빈 약 근 학　가 이 입 신　부 약 근 학　명 내 광 영

惟見學者顯達, 不見學者無成.
유 견 학 자 현 달　불 견 학 자 무 성

學者, 乃身之寶, 學者, 乃世之珍.
학 자　내 신 지 보　학 자　내 세 지 진

是故, 學則乃爲君子, 不學則爲小人.
시 고　학 즉 내 위 군 자　불 학 즉 위 소 인

後之學者, 宜各勉之.
후 지 학 자　의 각 면 지

廢學(폐학) : 학문을 그만두다.

怠學(태학) : 배움을 게을리하다.

배운 사람은 벼와 같고 배우지 않은 사람은 잡초와 같다.

벼 같은 사람이여!

나라에 없어서는 안 될 양식이며 세상에 큰 보배로다.

잡초 같은 사람이여!

밭 가는 사람이 싫어하고 김매는 사람이 귀찮아하는구나.

배우지 않다가 뒷날에 담벼락을 바라보듯 답답하여 후회해도

이미 늙어버린 몸 돌이킬 수 없으리라. (휘종)

　　－9근학(勤學) 부지런히 배워라 · 7

徽宗皇帝 曰
휘종황제 왈

學者, 如禾如稻, 不學者, 如蒿如草.
학자　여화여도　불학자　여호여초

如禾如稻兮, 國之精糧, 世之大寶.
여화여도혜　국지정량　세지대보

如蒿如草兮, 耕者憎嫌, 鋤者煩惱.
여호여초혜　경자증혐　서자번뇌

他日面墙, 悔之已老.
타일면장　회지이노

徽宗(휘종) : 중국 북송의 제8대 황제로 성은 조(趙), 이름은 길(佶)이다. 신종(神宗)의 아들이며 철종(哲宗)의 아우이다. 재위 기간은 1100년에서 1125년까지이다. 글씨와 그림에 조예가 깊었으며 학문에도 관심이 많아 장려하였다고 한다.

精糧(정량) : 곱게 빻은 쌀.

耕者(경자) : 밭 가는 사람.

憎嫌(증혐) : 미워하고 싫어한다.

鋤者(서자) : 김매는 사람.

面墙(면장) : 담을 마주하다(배우지 못하여 답답함을 이름).

已老(이노) : 이미 늙다.

나무를 잘 기르면 뿌리가 튼튼하고 가지와 잎이 무성하여
기둥과 들보로 쓸 재목이 이루어진다.
물을 잘 관리하면 물의 근원이 왕성하고 흐름이 길어
관개의 이로움이 널리 베풀어진다.
사람을 잘 기르면 뜻과 기운이 크고 식견이 밝아져서
충성스럽고 의로운 선비가 나오니 어찌 기르지 않겠는가. 《경행록》

- 11 성심(省心) 마음을 살펴라 · 上15

景行錄 云
경 행 록 운

木有所養, 則根本固, 而枝葉茂, 棟樑之材成.
목 유 소 양　　즉 근 본 고　　이 지 엽 무　　동 량 지 재 성

水有所養, 則泉源壯, 而流派長, 灌漑之利博.
수 유 소 양　　즉 천 원 장　　이 류 파 장　　관 개 지 리 박

人有所養, 則志氣大, 而識見明, 忠義之士出, 可不養哉.
인 유 소 양　　즉 지 기 대　　이 식 견 명　　충 의 지 사 출　가 불 양 재

所養(소양) : 기르는 바.
固(고) : 굳다.
茂(무) : 무성하다.
棟樑(동량) : 기둥과 들보.
泉源(천원) : 샘물의 근원.
壯(장) : 왕성하다.
灌漑(관개) : 물을 대다.
利博(리박) : 이로움이 크다.
可不~哉(가불~재) : 어찌 ~하지 않겠는가.

편안하여 걱정거리 없다고 말하지 마라.

걱정거리 없다 하자 바로 생긴다.

입에 맞는 음식도 과식하면 병 생기고

마음에 기쁜 일도 지나치면 재앙 온다.

병난 후에 좋은 약 먹기보다는

병나기 전 예방함이 훨씬 나으리. (소강절)

- 11 성심(省心) 마음을 살펴라 · 上50

康節邵先生 曰
강 절 소 선 생 왈

閑居, 愼勿說無妨. 纔說無妨便有妨.
한 거 신 물 설 무 방 재 설 무 방 변 유 방

爽口物多, 能作疾, 快心事過, 必有殃.
상 구 물 다 능 작 질 쾌 심 사 과 필 유 앙

與其病後能服藥, 不若病前能自防.
여 기 병 후 능 복 약 불 약 병 전 능 자 방

閑居(한거) : 한가로이 지내다.

無妨(무방) : 거리낌이 없다.

纔(재) : 즉시 곧.

爽口(상구) : 입에 맞다.

快心(쾌심) : 마음에 즐겁다.

與其~ 不若~(여기~ 불약~) : ~보다는 ~하는 것이 낫다.

服藥(복약) : 약을 먹다.

自防(자방) : 스스로 예방하다.

일생의 계획은 어릴 때 세운다.

일년의 계획은 봄에 세운다.

하루의 계획은 새벽에 세운다.

어릴 때 공부하지 않으면 늙어서 아는 것이 없다.

봄에 밭 갈지 않으면 가을에 거둘 것이 없다.

새벽에 일어나지 않으면 그날에 할 일을 하지 못한다. (〈공자삼계도〉)

　　- 13입교(立敎) 가르침을 세워라 · 4

孔子 三計圖 云
공 자　삼 계 도　운

一生之計, 在於幼,
일 생 지 계　　재 어 유

一年之計, 在於春,
일 년 지 계　　재 어 춘

一日之計, 在於寅.
일 일 지 계　　재 어 인

幼而不學, 老無所知,
유 이 불 학　　노 무 소 지

春若不耕, 秋無所望,
춘 약 불 경　　추 무 소 망

寅若不起, 日無所辦.
인 약 불 기　　일 무 소 판

孔子三計圖(공자삼계도) : 전거를 확인할 수가 없다. 공자가 위에서 말한 세 가지 계획을 이해하기 쉽
게 그림으로 나타낸 것이 아닌가 생각된다.

幼(유) : 어리다.

寅(인) : 새벽 3시부터 5시.

무왕이 태공에게 물었다.

"사람이 세상을 살아가는 데에 있어서 왜 귀천과 빈부가 고르지 않습니까?

원컨대 그대의 설명을 들어 이것을 알고자 합니다."

태공이 대답하였다.

"부귀는 성인의 덕과 같아서 다 천명에 달려 있습니다.

부유한 사람은 쓰는 데 절제가 있고, 부유하지 못한 사람은 집안에

'열 가지 도둑'이 있기 때문입니다."

– 13입교(立教) 가르침을 세워라 · 11

武王, 問太公 曰
무 왕　　문 태 공 　왈

人居世上, 何得貴賤貧富不等,
인 거 세 상 　하 득 귀 천 빈 부 부 등

原聞說之, 欲之是矣.
원 문 설 지 　욕 지 시 의

太公 曰
태 공 　왈

富貴, 如聖人之德, 皆由天命.
부 귀 　여 성 인 지 덕 　개 유 천 명

富者, 用之有節, 不富者, 家有十盜.
부 자 　용 지 유 절 　불 부 자 　가 유 십 도

武王(무왕) : 주나라 문왕(文王)의 아들로 성은 희(姬), 이름은 발(發)이다. 스승인 강태공(姜太公)과 아우인 주공단(周公旦)의 도움으로 은나라의 폭군 주왕(紂王)을 몰아내고 주왕조를 세웠다.

十盜(십도) : 열 가지 도둑.

무왕이 물었다. "열 가지 도둑이 무엇입니까?"

태공이 이렇게 대답하였다.

"곡식이 다 익었는데도 거두지 않는 것이 첫째 도둑입니다.

거두어 들여 쌓는 일을 잘 마무리하지 않는 것이 둘째 도둑입니다.

아무 일 없이 불을 환히 켜놓고 잠이나 자는 것이 셋째 도둑입니다.

게을러서 밭에 나가 일하지 않는 것이 넷째 도둑입니다.

일을 이루기 위해 노력하지 않는 것이 다섯째 도둑입니다.

교활하고 해로운 일만 하는 것이 여섯째 도둑입니다.

딸을 너무 많이 기르는 것이 일곱째 도둑입니다.

낮잠을 자고 일어나기를 게을리하는 것이 여덟째 도둑입니다.

술과 환락을 탐하는 것이 아홉째 도둑입니다.

남을 몹시 질투하는 것이 열째 도둑입니다."

- 13입교(立敎) 가르침을 세워라 · 12

武王 曰, 何謂十盜.
무 왕 왈 하 위 십 도

太公 曰, 時熟不收, 爲一盜. 收積不了, 爲二盜.
태 공 왈 시 숙 불 수 위 일 도 수 적 불 료 위 이 도

無事燃燈寢睡, 爲三盜. 慵懶不耕, 爲四盜.
무 사 연 등 침 수 위 삼 도 용 라 불 경 위 사 도

不施功力, 爲五盜. 專行巧害, 爲六盜. 養女太多, 爲七盜.
불 시 공 력 위 오 도 전 행 교 해 위 육 도 양 녀 태 다 위 칠 도

晝眠懶起, 爲八盜. 貪酒嗜慾, 爲九盜. 强行嫉妬, 爲十盜.
주 면 라 기 위 팔 도 탐 주 기 욕 위 구 도 강 행 질 투 위 십 도

專行巧害(전행교해) : 교활하고 해로운 일을 제 마음대로 행하다.
貪酒嗜慾(탐주기욕) : 술을 탐내고 욕심을 즐기다.

무왕이 물었다.

"집안에 열 가지 도둑이 없는데도 부유하지 못한 것은 무엇 때문입니까?"

태공이 이렇게 대답하였다.

"그런 사람의 집에는 반드시 '세 가지 덜어내는 것'이 있을 것입니다."

무왕이 물었다.

"세 가지 덜어내는 것은 무엇입니까?"

태공이 대답하였다.

"창고가 새거나 넘치는 데도 단속을 하지 않아서

쥐와 새들이 마구 먹어버리는 것이 첫 번째 덜어내는 것입니다.

거두고 심는 적절한 시기를 놓쳐 버리는 것이 두 번째 덜어내는 것입니다.

곡식을 버리고 흩뜨려 함부로 하는 것이 세 번째 덜어내는 것입니다."

- 13입교(立敎) 가르침을 세워라 · 13

武王 曰, 家無十耗 而不富者 何如.
무 왕 왈   가 무 십 모 이 불 부 자 하 여

太公 曰, 人家 必有三耗.
태 공 왈   인 가 필 유 삼 모

武王 曰, 何名三耗.
무 왕 왈   하 명 삼 모

太公 曰, 倉庫漏濫不蓋, 鼠雀亂食 爲一耗,
태 공 왈   창 고 루 람 불 개 서 작 난 식 위 일 모

收種失時 爲二耗, 抛撒米穀穢賤 爲三耗.
수 종 실 시 위 이 모 포 살 미 곡 예 천 위 삼 모

三耗(삼모) : 세 가지 덜어내는 것.

漏濫(루람) : 새거나 넘치다.

穢賤(예천) : 더럽고 천하다.

무왕이 물었다.

"집안에 세 가지 덜어내는 것이 없는데도 부유하지 못한 것은 무엇 때문입니까?"

태공이 이렇게 대답하였다.

"그런 사람의 집에는 반드시 첫째 '어긋남[錯]', 둘째 '그름[誤]',

셋째 '미련함[痴]', 넷째 '잃음[失]', 다섯째 '거스름[逆]',

여섯째 '나쁨[不祥]', 일곱째 '곁다리낌[奴]', 여덟째 '볼품없음[賤]',

아홉째 '어리석음[愚]', 열째 '억지씀[强]'이 있어서

재앙을 스스로 불러들이는 것이지 하늘이 재앙을 내리는 것이 아닙니다."

– 13입교(立敎) 가르침을 세워라 · 14

武王 曰, 家無三耗, 而不富者, 何如.
무 왕 왈　가 무 삼 모　이 불 부 자　하 여

太公 曰, 人家必有一錯, 二誤, 三痴, 四失, 五逆,
태 공 왈　인 가 필 유 일 착　이 오　삼 치　사 실　오 역

六不祥, 七奴, 八賤, 九愚, 十強,
육 불 상　칠 노　팔 천　구 우　십 강

自招其禍, 非天降殃.
자 초 기 화　비 천 강 앙

錯(착) : 어긋남.

誤(오) : 그름, 잘못.

痴(치) : 미련함.

失(실) : 잃음.

逆(역) : 거스름.

不祥(불창) : 좋지 않음, 나쁨.

奴(노) : 곁다리낌.

賤(천) : 천함.

愚(우) : 어리석음.

强(강) : 억지씀, 뻔뻔함.

降殃(강앙) : 재앙을 내리다.

배우기를 좋아하는 사람과 함께 가면 안개 속을 걸어가는 것과 같고,
옷이 흠뻑 젖지는 않지만 점점 물기가 배어든다.
무식한 사람과 함께 가면 측간에 앉아 있는 것과 같아
옷이 더러워지지는 않지만 점점 고약한 냄새가 난다. 《공자가어》

- 19교우(交友) 친구를 잘 사귀라 · 2

家語 云
가 어 운

與好學人同行, 如霧露中行,
여 호 학 인 동 행   여 무 로 중 행

雖不濕衣, 時時有潤,
수 불 습 의   시 시 유 윤

與無識人同行, 如厠中座.
여 무 식 인 동 행   여 측 중 좌

雖不汚衣, 時時聞臭.
수 불 오 의   시 시 문 취

好學人(호학인) : 배우기를 좋아하는 사람.
霧露(무로) : 안개와 이슬.
濕(습) : 젖다.
潤(윤) : 배어들다, 윤택하다.
厠(측) : 변소, 측간, 뒷간.
汚(오) : 더럽히다.

오늘 배우지 않고서 내일이 있다고 말하지 말고,
올해 배우지 않고서 내년이 있다고 말하지 말라.
해와 달은 지나가고 세월은 나를 위해 늦추지 않으니
아아 늙었구나! 누구의 허물인가! (주문공)

– 25 권학(勸學) 배움을 권장한다 · 1

朱子 曰
주 자 왈

勿謂今日不學而有來日,
물 위 금 일 불 학 이 유 내 일

勿謂今年不學而有來年.
물 위 금 년 불 학 이 유 내 년

日月逝矣, 歲不我延,
일 월 서 의   세 불 아 연

嗚呼老矣, 是誰之愆.
오 호 노 의   시 수 지 건

日月(일월) : 해와 달, 세월, 시간.
逝(서) : 가다.
延(연) : 늦추다, 기다리다.
愆(건) : 허물, 잘못.

소년은 늙기 쉽고 학문은 이루기가 어렵네.

짧은 한 순간도 가벼이 여기지 마라.

연못가의 봄 풀은 아직도 꿈을 꾸는데.

어느덧 섬돌 앞 오동나무 가을을 알리네.

- 25 권학(勸學) 배움을 권장한다 · 2

少年易老學難成,
소 년 이 노 학 난 성

一寸光陰不可輕.
일 촌 광 음 불 가 경

未覺池塘春草夢,
미 각 지 당 춘 초 몽

階前梧葉已秋聲.
계 전 오 엽 이 추 성

易老(이노) : 늙기 쉽다.

難成(난성) : 이루기 어렵다.

光陰(광음) : 짧은 시간.

池塘(지당) : 연못.

春草(춘초) : 봄풀.

階(계) : 섬돌.

梧葉(오엽) : 오동나무 잎.

秋聲(추성) : 가을의 소리.

오래 머물면 사람이 천대를 받고 자주 오면 친분도 멀어진다.

단지 사나흘 만에 서로 보아도 보는 것이 처음만 같지 못하다.

– 12성심(省心) 마음을 살펴라 · 下19

久住令人賤, 頻來親也疎.

구 주 령 인 천   빈 래 친 야 소

但看三五日, 相見不如初.

단 간 삼 오 일   상 견 불 여 초

久住(구주) : 오래 머물다.

令(령) : ~하게 하다.

頻來(빈래) : 자주 오다.

不如初(불여초) : 처음만 같지 못하다.

해와 달이 비록 밝지만 엎어놓은 단지 밑은 비추지 못하듯이,

칼날이 비록 날카롭지만 죄 없는 사람은 베지 못하며

나쁜 재앙과 횡액은 조심하는 집 문에는 들어가지 못한다. (태공)

- 12 성심(省心) 마음을 살펴라 · 下32

太公 曰
태 공 왈

日月, 雖明, 不照覆盆之下,
일 월 수 명 부 조 복 분 지 하

刀刃, 雖快, 不斬無罪之人,
도 인 수 쾌 불 참 무 죄 지 인

非災橫禍, 不入愼家之門.
비 재 횡 화 불 입 신 가 지 문

覆盆(복분) : 엎어놓은 단지.

刀刃(도인) : 칼날.

快(쾌) : 날카롭다.

斬(참) : 베다, 자르다.

非災(비재) : 뜻밖의 재앙.

橫禍(횡화) : 뜻밖의 화.

아침밥과 저녁밥이 이른지 늦은지를 보면
그 집안이 흥할지 망할지 점칠 수 있다.《경행록》
- 15 치가(治家) 집안을 잘 다스려라 · 7

景行錄 云
경 행 록 운

觀朝夕之早晏,
관 조 석 지 조 안

可以卜人家之興替.
가 이 복 인 가 지 흥 체

早晏(조안) : 이르고 늦음.
興替(흥체) : 흥하고 망함.

형제는 손발과 같은 존재이고, 부부는 옷과 같은 존재다.

옷은 떨어지면 다시 새것을 얻을 수 있지만,

손과 발이 끊어지면 다시 잇기 어렵다. (장자)

- 16안의(安義) 의리 있게 살아라 · 2

莊子 曰
장 자 왈

兄弟爲手足, 夫婦爲衣服.
형 제 위 수 족　부 부 위 의 복

衣服破時, 更得新,
의 복 파 시　갱 득 신

手足斷處, 難可續.
수 족 단 처　난 가 속

手足(수족) : 손과 발.

破(파) : 깨뜨리다.

續(속) : 잇다.

明心寶鑑

제 5 장

信
신

———

광명지심(光名之心)으로

중심을 잡고 가운데 바르게 서

밝은 빛을 냄으로 믿음을 주는 마음

어리석은 귀머거리와 말 못하는 벙어리라도 집은 큰 부자일 수 있고,

지혜롭고 총명한 사람이라도 집은 도리어 가난할 수 있다.

해와 달과 날과 때가 모두 정해져 있으니,

따져보면 삶은 명에 달려 있지 사람에게 달려 있지 않다. (열자)

－3 순명(順命) 천명을 따르라 · 5

列子 曰
열 자 왈

癡聾瘖啞, 家豪富,
치 롱 음 아　　가 호 부

智慧聰明, 却受貧.
지 혜 총 명　　각 수 빈

年月日時, 該載定,
연 월 일 시　　해 재 정

算來, 由命, 不由人.
산 래 · 유 명 불 유 인

列子(열자) : 생애는 분명하지가 않다. 중국 전국시대 정(鄭)나라 사람인 것으로 보이며 이름은 어구
(禦寇)이다. 현재 전하는《열자》는 위진시대 장담(張湛)이 주석을 달아 놓은 책이다.

痴聾(치롱) : 어리석은 귀머거리.

瘖啞(음아) : 말 못하는 벙어리.

却(각) : 도리어.

該(해) : 모두.

算來(산래) : 헤아려보다.

由命(유명) : 명에 달려 있다.

심하게 화를 내면 기운이 상하고, 지나치게 생각이 많으면 정신이 상한다.
정신이 피곤하면 마음이 쉽게 지치고, 기운이 약해지면 병이 따라 생긴다.
지나치게 슬퍼하거나 기뻐하지 말고, 모름지기 음식을 고르게 먹어라.
밤에 술 취하는 것을 두 번 세 번 거듭 금지하며
무엇보다도 새벽에 화내는 것을 경계하라. (손진인의《양생명》)
– 5정기(正己) 몸을 바르게 하라 · 10

孫眞人, 養生銘, 云
손 진 인   양 생 명   운

怒甚偏傷氣, 思多太損神.
노 심 편 상 기   사 다 태 손 신

神疲心易役, 氣弱病相因.
신 피 심 이 역   기 약 병 상 인

勿使悲歡極, 當令飮食均.
물 사 비 환 극   당 령 음 식 균

再三防夜醉, 第一戒晨嗔.
재 삼 방 야 취   제 일 계 신 진

傷氣(상기) : 기운을 상하다.
損神(손신) : 정신을 손상하다.
易役(이역) : 쉽게 지치다.
相因(상인) : 서로 원인이다.
勿使(물사) : ~하게 하지 말라.
極(극) : 지나치게.
當令(당령) : 마땅히 ~하게 하다.
夜醉(야취) : 밤에 술 취하다.
晨嗔(신진) : 새벽에 성내다.

마음은 편안하더라도 몸은 힘들게 해야 한다.

정신은 즐겁더라도 육신은 근심하게 해야 한다.

몸이 힘들지 않으면 게으름에 빠져 허물어지기 쉽고

육신이 근심하지 않으면 방종에 빠져 바로잡기 어렵다.

그러므로 편안함은 힘든 가운데 생겨나 항상 기쁠 수 있고

즐거움은 근심하는 가운데 생겨나 싫증이 없을 수 있다.

편안함과 즐거움을 추구하는 사람이라면

육신의 근심과 몸의 힘듦을 잊어선 안 될 것이다. 《경행록》

- 5 정기(正己) 몸을 바르게 하라 · 22

景行錄 曰
경 행 록 왈

心可逸, 形不可不勞, 道可樂, 身不可不憂.
심 가 일   형 불 가 불 로   도 가 락   신 불 가 불 우

形不勞, 則怠惰易弊, 身不憂, 則荒淫不定.
형 불 로   즉 태 타 이 폐   신 불 우   즉 황 음 부 정

故, 逸生於勞而常休, 樂生於憂而無厭.
고   일 생 어 로 이 상 휴   락 생 어 우 이 무 염

逸樂者, 憂勞, 豈可忘乎.
일 락 자   우 로   기 가 망 호

逸(일) : 편안하다.

勞(로) : 힘들다.

怠惰(태타) : 태만하고 게으르다.

易弊(이폐) : 쉽게 못쓰게 되다.

荒淫(황음) : 정상에서 벗어나다.

常休(상휴) : 항상 좋다.

無厭(무염) : 싫지 않다.

豈可忘乎(기가망호) : 어찌 잊을 수 있겠는가.

만족할 줄 알아서 늘 만족하며 사는 사람은
평생토록 욕된 일을 당하지 않고,
그칠 줄 알아서 늘 어느 정도에서 그치며 사는 사람은
평생토록 부끄러운 일을 당하지 않는다.
－6안분(安分) 분수를 받아들여라 · 4

知足常足, 終身不辱,
지 족 상 족　　종 신 불 욕

知止常止, 終身無恥.
지 지 상 지　　종 신 무 치

知止(지지) : 그칠 줄 안다.
無恥(무치) : 부끄러움이 없다.

분수에 편안하면 몸에 치욕이 없고,
조짐을 알면 마음 절로 한가하리.
몸은 비록 이 세상에 살고 있으나
마음은 도리어 이 세상을 벗어난다네 《안분음》
- 6안분(安分) 분수를 받아들여라 · 6

安分吟 曰
안 분 음   왈

安分身無辱, 知幾心自閑.
안 분 신 무 욕   지 기 심 자 한

雖居人世上, 却是出人間.
수 거 인 세 상   각 시 출 인 간

安分(안분) : 분수에 편안하다.
知幾(지기) : 조짐을 알다.
却是(각시) : 도리어.

관직에 있을 때 부정을 저지르면 관직을 잃고 나서 후회한다.

부유할 때 검소하게 아껴쓰지 않으면 가난해지고서 후회한다.

재주를 젊을 때 배워 두지 않으면 배울 시기가 지나고서 후회한다.

일을 제때 배워 두지 않으면 정작 필요할 때 후회한다.

술 취하여 함부로 지껄이면 술 깨고서 후회한다.

건강할 때 충분히 쉬지 않으면 병들고서 후회한다. (구래공의《육회명》)

- 7존심(存心) 마음을 보존하라 · 13

寇萊公, 六悔銘, 云
구 래 공   육 회 명   운

官行私曲, 失時悔, 富不儉用, 貧時悔.
관 행 사 곡   실 시 회   부 불 검 용   빈 시 회

藝不少學, 過時悔, 見事不學, 用時悔.
예 불 소 학   과 시 회   견 사 불 학   용 시 회

醉後狂言, 醒時悔, 安不將息, 病時悔.
취 후 광 언   성 시 회   안 부 장 식   병 시 회

官行(관행) : 관직에 있다.

私曲(사곡) : 사적인 이익과 도리에 어긋나는 일처리.

儉用(검용) : 검소하게 아껴쓰다.

藝(예) : 재주, 기예, 기술.

狂言(광언) : 미치광이 말.

醒(성) : 술이 깨다.

將息(장식) : 충분히 쉬다.

나쁜 사람이 착한 사람을 꾸짖을 경우에
착한 사람은 조금도 대꾸하지 않는다.
대꾸하지 않는 사람의 마음은 맑고 한가롭지만
꾸짖는 사람의 입은 부글부글 끓어오른다.
이것은 마치 하늘 향해 침을 뱉으면
도로 자기 몸에 떨어지는 것과 같다.
- 8계성(戒性) 성품을 경계하라 · 7

惡人, 罵善人, 善人, 摠不對.
악 인   매 선 인   선 인   총 부 대

不對, 心淸閑, 罵者, 口熱沸.
부 대   심 청 한   매 자   구 열 비

正如人唾天, 還從己身墜.
정 여 인 타 천   환 종 기 신 추

罵(매) : 욕하다, 꾸짖다.
不對(부대) : 대꾸하지 않는다.
淸閑(청한) : 맑고 한가롭다.
熱沸(열비) : 끓어오르다.
唾天(타천) : 하늘에 침을 뱉다.
身墜(신추) : 몸에 떨어지다.

어떤 사람 나에게 욕을 해대도
귀먹은 체하고 대꾸 안 하네.
마치 불이 허공에서 혼자 타다가
애써 끄지 않아도 사그라지듯.
내 마음은 텅 빈 허공 같은데
너는 어찌 혀와 입술 나불거리나.
 - 8계성(戒性) 성품을 경계하라 · 8

我若被人罵, 佯聾不分說.
아 약 피 인 매　　양 롱 불 분 설

譬如火燒空, 不救自然滅.
비 여 화 소 공　　불 구 자 연 멸

我心等虛空, 摠爾飜脣舌.
아 심 등 허 공　　총 이 번 순 설

佯(양) : ~인 체하다.

不分說(불분설) : 구분해서 말하지 말라(따지지 말라).

譬如(비여) : 비유하면 ~와 같다.

火燒(화소) : 불이 타다.

等(등) : ~와 같다.

飜(번) : 펄럭이다.

脣舌(순설) : 입술과 혀.

높은 벼랑을 보지 못한 사람이 어찌 굴러 떨어지는 환난을 알겠는가.

깊은 샘에 가 보지 못한 사람이 어찌 빠져죽는 환난을 알겠는가.

큰 바다를 보지 못한 사람이 어찌 드센 풍파의 환난을 알겠는가 . (공자)

- 11 성심(省心) 마음을 살펴라 · 上8

子 曰
자 왈

不觀高崖, 何以知顚墜之患.
불 관 고 애   하 이 지 전 추 지 환

不臨深泉, 何以知沒溺之患.
불 림 심 천   하 이 지 몰 닉 지 환

不觀巨海, 何以知風波之患.
불 관 거 해   하 이 지 풍 파 지 환

高崖(고애) : 높은 벼랑.

顚墜(전추) : 굴러 떨어지다.

深泉(심천) : 깊은 샘.

沒溺(몰닉) : 물에 빠지다.

巨海(거해) : 큰 바다.

앞으로 올 날을 알고 싶거든
이미 지나간 날들을 살펴보라.
- 11 성심(省心) 마음을 살펴라 · 上 9

欲知未來,
욕 지 미 래

先察已然.
선 찰 이 연

先察(선찰) : 먼저 살피다.
已然(이연) : 이미 그러한 일.

맑은 거울은 모습을 살펴보는 것이고,
지나간 날들은 지금을 알아보는 것이다. (공자)
- 11 성심(省心) 마음을 살펴라 · 上10

子曰
자   왈

明鏡, 所以察形,
명경   소이찰형

往者, 所以知今.
왕자   소이지금

明鏡(명경) : 밝은 거울.
察形(찰형) : 모습을 살피다.
往者(왕자) : 지나간 일.

꽃은 지고 피고 피었다가 또 지고, 비단옷도 입었다가 삼베옷도 입었다가 한다.

부자라고 항상 잘살 수 없고, 가난하다 오랫동안 적막치 않다.

사람은 받쳐 줘도 하늘까진 못 오르고, 사람은 떠밀어도 구렁까진 안 떨어진다.

그대여 모든 일에 하늘을 원망 마라.

하늘은 더 주고 덜 주고 하지 않는다.

- 11 성심(省心) 마음을 살펴라 · 上52

花落花開開又落, 錦衣布衣更換着.
화 락 화 개 개 우 락　　금 의 포 의 갱 환 착

豪家未必常富貴, 貧家未必長寂寞.
호 가 미 필 상 부 귀　　빈 가 미 필 장 적 막

扶人未必上青霄, 推人未必塡溝壑.
부 인 미 필 상 청 소　　추 인 미 필 전 구 학

勸君凡事莫怨天. 天意於人無厚薄.
권 군 범 사 막 원 천　　천 의 어 인 무 후 박

花落(화락) : 꽃이 지다.

花開(화개) : 꽃이 피다.

錦衣(금의) : 비단옷.

布衣(포의) : 삼베옷.

更換着(갱환착) : 다시 바꿔 입다.

豪家(호가) : 부잣집.

扶(부) : 붙들다, 부축하다.

青霄(청소) : 푸른 하늘.

推人(추인) : 사람을 밀다.

塡(전) : 구르다.

溝壑(구학) : 골짜기.

212

올바르지 못한 재물을 멀리하고 과음을 삼가라.

이웃을 가려 살고 친구를 가려 사귀어라.

시기와 질투를 마음에 일으키지 말고 남을 헐뜯는 말을 입에 올리지 말라.

친척 중에 가난한 사람을 홀대하지 말고 남들 중에 부자인 사람을 후대하지 말라.

자기를 이겨내는 데는 부지런함과 검소함을 최우선으로 삼고

뭇 사람을 사랑하는 데는 겸손함과 온화함을 최우선으로 삼아라.

항상 지나간 날들의 잘못을 생각하고 앞으로 올 날들의 허물을 생각하라.

만약 나의 이 말을 따른다면 집안과 나라가 잘 다스려져 긴 세월 이어지리라. (신종2)

- 12성심(省心) 마음을 살펴라 · 下2

神宗皇帝 御製, 曰
신 종 황 제 어 제   왈

遠非道之財, 戒過度之酒. 居必擇鄰, 交必擇友.
원 비 도 지 재   계 과 도 지 주   거 필 택 린   교 필 택 우

嫉妬勿起於心, 讒言勿宣於口.
질 투 물 기 어 심   참 언 물 선 어 구

骨肉貧者, 莫踈. 他人富者, 莫厚.
골 육 빈 자   막 소   타 인 부 자   막 후

克己, 以勤儉爲先, 愛衆, 以謙和爲首.
극 기   이 근 검 위 선   애 중   이 겸 화 위 수

常思已往之非, 每念未來之咎.
상 사 이 왕 지 비   매 념 미 래 지 구

若依朕之斯言, 治國家而可久.
약 의 짐 시 사 언   치 국 가 이 가 구

居必擇隣(거필택린) : 살 때는 반드시 이웃을 가려라.
交必擇友(교필택우) : 사귈 때는 반드시 친구를 가려라.

흰 옥구슬은 진흙 속에 던지더라도 그 빛을 더럽힐 수 없다.
군자는 혼탁한 곳에 가더라도 그 마음을 어지럽힐 수 없다.
그러므로 소나무와 잣나무는 눈과 서리를 견디어 내고
밝고 지혜로운 사람은 위태로운 환난을 헤쳐 나간다. 《익지서》

- 12성심(省心) 마음을 살펴라 · 下29

益智書 云
익 지 서 운

白玉, 投於泥塗, 不能汚穢其色.
백 옥 투 어 니 도   불 능 오 예 기 색

君子, 行於濁地, 不能染亂其心.
군 자 행 어 탁 지   불 능 염 란 기 심

故, 松栢, 可以耐雪霜,
고   송 백   가 이 내 설 상

明智, 可以涉危難.
명 지   가 이 섭 위 난

泥塗(니도) : 진흙.

汚穢(오예) : 더럽히다.

濁地(탁지) : 혼탁한 곳.

染亂(염란) : 나쁘게 물들이고 어지럽게 하다.

松栢(송백) : 소나무와 잣나무.

耐(내) : 견디다.

雪霜(설상) : 눈과 서리.

涉(섭) : 건너다, 극복하다.

젊음은 한번 가면 다시 오지 않고,
하루에 새벽은 두 번 오지 않는다네.
해야 할 때 마땅히 힘써야 하니,
세월은 사람을 기다리지 않는다네. (도연명)
- 25권학(勸學) 배움을 권장한다 · 3

陶淵明 詩 云
도 연 명 시 운

盛年, 不重來,
성 년   부 중 래

一日, 難再晨.
일 일   난 재 신

及時當勉勵,
급 시 당 면 려

歲月不待人.
세 월 부 대 인

盛年(성년) : 젊은 때.
不重來(부중래) : 거듭 오지 않는다.
難再晨(난재신) : 새벽이 두 번 오지 않는다.
勉勵(면려) : 힘쓰다.

반걸음도 꾸준히 내딛지 않으면 천 리를 갈 수 없고,
적은 물도 모이지 않으면 강과 바다를 이룰 수 없다. (순자)

- 25 권학(勸學) 배움을 권장한다 · 4

荀子 曰
순 자   왈

不積蹞步, 無以至千里.
부 적 규 보   무 이 지 천 리

不積小流, 無以成江河.
부 적 소 류   무 이 성 강 하

蹞(보) : 반걸음.

위에는 지휘하는 사람이 있고,

중간에는 다스리는 관리가 있으며, 아래에는 백성이 있다.

백성이 바친 비단으로 옷을 지어 입고

곳간에 거두어 둔 곡식으로 밥을 지어먹으니

너희의 녹봉은 바로 백성의 피땀이다.

아래의 백성은 학대하기 쉽지만,

위에서 내려다보는 저 푸른 하늘은 속이기 어려우리라. (당 태종)

- 14치정(治政) 정치를 잘하라 · 2

唐太宗 御製, 云
당 태종 어 제 　 운

上有麾之, 中有乘之, 下有附之,
상 유 휘 지 　 중 유 승 지 　 하 유 부 지

幣帛衣之, 倉廩食之, 爾俸爾祿, 民膏民脂.
폐 백 의 지 　 창 름 식 지 　 이 봉 이 록 　 민 고 민 지

下民, 易虐, 上蒼, 難欺.
하 민 　 이 학 　 상 창 　 난 기

唐 太宗(당 태종) : 당나라 제2대 왕인 이세민(李世民)이다. 아버지 이연(李淵)을 도와 수(隋)나라를 멸하고 당나라를 세웠다. 재위 기간은 626년에서 649년까지다. 태종은 천하가 평정된 후 위징(魏徵)과 같은 현명한 신하들을 기용하여 과감한 개혁정치를 폈으며 널리 여러 관료의 의견을 받아들였다. 부역과 형벌을 줄이고 관제를 정비하여 인재를 등용했으며 문학과 유학을 장려하고 역사편찬에도 심혈을 기울였다. 밖으로는 여러 이종족들을 정벌하여 모두 당나라로 흡수하였다. 후대 역사가들은 태종의 이같은 치적을 그가 다스리던 때의 연호를 따서 '정관지치'(貞觀之治)라고 부르며 칭송했다.

麾之(휘지) : 지휘하다.

乘之(승지) : 타다(다스리다).

附之(부지) : 덧붙이다, 따르다.

幣帛(폐백) : 비단.

倉廩(창름) : 창고.

易虐(이학) : 학대하기 쉽다.

難欺(난기) : 속이기 어렵다.

10년 후 나를 만드는 생각의 깊이 02

명심보감(明心寶鑑)

철학노트 필사본

신개정판 1쇄 인쇄일 2021년 01월 29일
신개정판 1쇄 발행일 2021년 02월 05일

엮은이	추적(秋適)
옮긴이	백선혜
발행인	이지연
주간	이미숙
책임편집	정윤정
책임디자인	이경진, 권지은
책임마케팅	이한주
경영지원	이지연

발행처	도서출판 홍익
출판등록번호	제 2020-000321 호
출판등록	2020년 08월 24일
주소	서울시 마포구 독막로18길 12, 2층(상수동)
대표전화	02-323-0421
팩스	02-337-0569
메일	editor@hongikbooks.com

제작처	갑우문화사

ISBN 979-11-9727-818-1 (04100)